JN418033

시인 김효비야

김종 作, 「씨앗 하나의 시간」

국립중앙도서관 출판사도서목록(CIP)

상상임신 하는 여자 : 김효비야 시집 / 지은이: 김효비야.
-- 광주 : 시와사람, 2017
p. ; cm. -- (시와사람 서정시선 ; 054)

ISBN 978-89-5665-488-1 03810 : ₩10000

한국 현대시[韓國現代詩]

811.7-KDC6
895.715-DDC23 CIP2017010438

상상임신을 하는 여자

김효비야 시집

시와사람

몇 년 전, 헌혈차로부터 딱히 납득이 될 만한 이유도 없이 거부를 당했다. 단지 피곤해보이고 나이가 좀 많다는 것이 이유의 전부였는데, 마치 당신은 이제 '쓸모없는 존재'라고 단칼에 나의 '有能性'을 베어내는 것 같아 어이없었다. 누군가의 절실한 순간을 위하여, 내가 '피 한 방울'조차 나눌 수 없다는 괴리감은 상대적 박탈감보다 공허했다.

그럼에도, '물'이 아닌 피를 대체할만한 확실한 무엇이 있어야겠기에 가깝고도 먼 곳의 타인들과 쓸쓸함을 털어내는 말 걸기를 시작했다.

다행히, 나는 그 '피'보다 공유가치가 큰 '문학'을 찾았고 시인의 이름으로, 마음에 '피'가 부족하고 '상처'를 응시하지 못하는 세상의 외눈박이들과 끈끈한 관계를 맺으며, 서툰 옹알이로 세상의 변방에서 부터 말 걸기가 시작되었다.

아, 이윽고 23살에 죽은 막내외삼촌이 생각난다.

나를 처음 성 밖으로 사다리를 놓아준, 말하자면 시대가 그를 용납하지 않는 선구자였으므로, 대신 그가 쓰다 멈춘 이름을 호명하는 일은 살아남은 자의 의무였다.

때때로 권리보다, 양심보다, 도리보다, 더 두려운 책임이라는 것을 잊지 않으리라 다짐하면서 까닭 없이 미래를 부정하던 사춘기 무렵 반드시 국문과를 가서 시인이 되라 시던 하정옥 선생님께 맨 먼저 소식을 드려야겠다.

또 문학의 DNA와 삶에 대한 유산을 주신 아버지와 어머니의 숨 막히는 사랑도 더할 나위없는 축복이었고 남편의 묵묵하면서도 명징한 애정과 엄마의 '어록(語錄)'을 친구들에게 자랑스러워하는 두 아들과 며느리에게도, 더 오랜 시간을 함께 하며 많은 사랑을 보태겠다는 약속을 손가락 걸겠다. 또 언니 같은 여동생에게도 그간의 세월이 염치없고 미안하다. 가족의 의미는 피가 아닌 '진정성'이라는 끈으로, 공동체 운명을 똘똘 묶는 것이리라.

오늘도 시인이기보다 종합예술가인 오소후 교수님과 텔레파시로 교신하는 영광을 누렸고, 탄탄하게 인문학적인 토양을 가꾸어 주신 강만 회장님과 김정희 국장님, 또 시인의 자격을 처음 부여해 주신 《아시아서석문학》 김석문 발행인님과 언어에 대한 욕망을 전이시키는 이향아 시인님께도 감사를 드리며 특별하게도, 시를 쓰는 행위야 말로 생명을 출산하는 고통임과 눈물의 환희가 피워내는 가장 고귀한 카타르시스임을 깨닫게 해준 김 종 교수님께 존경을 바칩니다.

부끄러운 저에게 '신인상'이란 날개옷을 입혀서 아름다운 시집이 탄생되도록 산파가 되어주신 《시와사람》의 강경호 발행인님께도 감사를 드립니다.

아! 나도 드디어 아이를 낳았다.

2017년, 황무지에서 라일락을 피워낸 사월에

김효비야 삼가

상상임신 하는 여자/차례

1 난 진정 내 안에서…

2 사람과 사람 사이…

3 사랑 앞에서, 운명 앞에서

4 눈물은 왜 짠가…

김종 作, 「파라다이스」

1

난 진정 내 안에서…

“난 진정 내 안에서 솟아 나오려는 것, 그것을
살아 보려했다
왜 그것이 그토록 어려웠을까?”
–『데미안』의 첫 문장

아름다운 유아독존

-김종 화백의 그림에서

아름다운 청년과 처녀는
현실의 뒷골목에서도 서 있는 나무보다 걸어 다니는 나무* 사이로
숨바꼭질을 하며 늙어간다

그대가 한 때 아름다운 청년이었다면,
설사 판도라에게 속았다가 돌아왔다 해도
최후에 파랑새를 차지하는 승리자가 될 자격이 있으며

또 한 때, 아름다운 처녀로 기억해 주는 첫사랑이 있다면
호박꽃 같은 엉덩이 둘레가 부끄럽지 않겠다.

그대들은 너무 일찍 군중 속의 고독을 깨닫고 말았지만
백치의 머리와 색맹의 눈*으로
견디는 사유방식을 선택한 것은 아주 잘한 일
그렇다고 신비경이나 무아지경의 구렁텅이로 끌려가는 일도 없었으니
아름다움 유아독존이야 말로 존재론의 이데아가 아닌가.

의기백배 활개치며 태양을 쫓아가는 수탉도,
스프링처럼 웅크리지 있다가 태양을 쪼아대는 암탉도
아름다운 유아독존의 청년과 처녀를 닮았다

여기, 팔색조보다 찬란한 총천연색 깃털과
휘둥그레지는 눈동자로 애간장을 태우는,
사내라는 이름의 황홀한 새가 있다.

*김종의 『자전적 예술론』에서

초록 불빛, 섬

– 영화 〈위대한 개츠비〉를 보고

존재와 존재 사이
섬이 있었다.

영혼과 영혼 사이
욕망을 태우고 떠났던 난파선이 있었다.

지구상에 떠도는 유성들은 바다 건너 초록 불빛이 깜빡이는
게츠비*의 섬을 선망하고 있었다

전설에 의하면
섬은 태양신을 섬긴 빙산이었다 한다.

그러나 초록 불빛 때문에 섬이 뜨거워지기 시작했을 때

첫사랑을 닮은 노루새끼와
어린 꽃사슴이 달아났고
태양신은 빙산의 화석이 되었다.

스스로 초록불빛에 눈이 멀어 죽었을 개츠비.

개츠비, 그의 무덤에는
꿈마다 첫사랑이 등대처럼 깜빡거릴 것이고

아뿔싸
개츠비가 황금 모자를 쓰고
태양신의 아들로 돌아 올지라도

나는 기어이 검푸른 해류를 거슬러 올라가
난파선에서 살아남은 데이지*일 것이다.

* 위대한 개츠비 : 미국의 작가 F. 스콧 피츠제럴드의 소설이기도 하며, 영화로도 제작되었다. 개츠비는 물질로서 데이지를 얻으려 하지만 결국 그의 꿈은 헛된 것이며 결국 죽는다. 물질만능주의를 비판하면서도 작가는 개츠비가 첫사랑 데이지에 대한 집요한 사랑하는 것에 대한 경의를 표하는 의도로 〈위대한 개츠비〉라고 한 것 같다.

달밤

– 〈세한도(歲寒圖)〉에 붙여

내 나이 종심(從心)이 되었을 때,
'추사의 졸(拙)'같은 거울을 빌려 쨍쨍한 몰골을 보아야겠다.
벌거숭이 임금님 옷자락을 슬그머니 탐낸 적도 있었다.
나는 무아지경에 탐닉한 비계덩어리 치부를 어떻게 가릴까
누더기 마파람에 게눈처럼 오지랖을 여미기나 했을까

설마하니, 나에게도 이상적(李尙迪) 같은 동무 하나 있다면
세한도(歲寒圖)의 우정을 맹세해 볼 것인가
조무견(曹楙堅)은 세한도에 화답하고자 수선화를 시로 지었다하고,
조진조(趙振祚)는 꿩이 집을 안 짓는 것은
그 정신의 뿌리를 보존하기 위함이다 하였거늘
나는 엉거주춤 청맹과니로 실사구시(實事求是)나 따라해 볼까

나도 정녕 소나무 같은 그대를 만나
벼루에 구멍이 나도록 동자체(童子體)를 배울까
바위틈에서 서릿발을 삼킨 송백을
배경삼아 동자처럼 엎드려 추사체(秋史體)를 배울까

그러다 '장무상망(長毋相忘)'의 그대를 만난다면
까마귀 우는 삼동에도 끄떡없는 잣나무가 되리라

하여 나는
설사 위리안치 (圍籬安置)의 삶이,
복병처럼 도사린 첩첩산중이라 하더라도
소나무와 잣나무를 길벗 삼을지니…
이지러진 달빛에나 그대를 실컷 추앙하는 밤이다.

가을의 그 행간에서 국화를 만나다

바람과 하늘 사이에 꽃들이 꿈꾸듯이
춤을 추고 있는가, 요람에 흔들리고 있는가

꿈꾸며 흔들리는 것마다 입맞춤으로
쓰다듬어 주고 싶은 꽃들에게
이승의 나는 육하원칙으로 묻고 싶어진다

여기까지 오느라 무엇으로 환생했을까
염화시중의 비밀에 대한 예의가 아닐 것 같아
그냥 이름만 묻기로 한다

쑥부쟁이, 개망초, 구절초, 앵두소국 안개소국, 산국, 감국, 해국…
그래도 난 그냥 들국화가 더 좋아라

벌 나비 잊은 지 오래 된 들국화 한 송이
눈치껏 꺾어서 내 머리에 꽂을 테야
그러다 누님 같은 국화를 만난다면 첫사랑을 고백할거야

세상에서 가장 부러운 여자는 꽃집여자라고 중얼거릴 거야
중얼거리다 진짜 꽃집여자가 될 지도 몰라서 더 중얼거릴 거야

사랑에 쫓긴 연인이 지상에 없는 에덴동산을 마지막으로 찾았을 때,
들국화 천지였을까, 그냥 들꽃더미였는지도 몰라

엘비라 마디건*이 흐르고 어디선가 총소리가 났고
그 때, 노랑나비 한 마리가 바람 속으로 달아났었지

나는 나비를 잡으러 돌아다니다 꽃밭에 누웠다가
마녀의 사과를 훔쳐 먹고 이브처럼 잠들 테야
장미가시에 찔려 죽었다는 릴케보다 달콤하게 잘거야

나비가 꽃들의 치마에다 뿌려준 것이 사랑의 묘약일까
가을 소나타라는 매혹적인 이름을 가진 페르몬향수일까

다시 가을과 국화 사이로 나비처럼 쏘다니다
어디쯤 엎드려서 몽상의 미학을 끄적거려 볼꺼나

그 사이, 반딧불이인가 나비인가 주마등인가 싶게
꽃들이 나비를 술래잡기할 때, 나는 나비일까 꽃일까.

* 엘비라 마디건 : 1967년 스웨덴 영화 「엘비라 마디건」의 주제곡으로, 영화 마지막 장면에서 두 발이 총성이 울리고 나비 떼가 놀라 날아갈 때 흐르는 테마곡이다.

블라인드 베일

- 연극 <천국주점>에서

주점과 천국의 사잇길에서
길을 잃고 길을 묻는 사람들은 한결같이
동키호테와 판쵸를 닮았다

사람의 냄새는
본질의 냄새라고
존재의 무덤을 파헤치는 듯
시체의 껍질을 벗기는 듯
죽은 이의 체취를 모으는 장의사는
나는 누구냐고 묻는다

5,18때 임신한 아내를 잃은 사진기자는
전쟁과 평화의 경계선에서
술을 마시다 기억의 필름을 잃어버리고
나는 누구냐고 묻는다

이미 죽은 과거에 올가미를 씌우고
현재를 망각하는 아무개씨는 사람들이
자신의 이름을 불러주지 않는다고
오늘도 자살을 연습한다

쥐새끼들이 득실거리는 유령의 도시에서
고아가 된 소녀는

존재와 타인은 한 덩어리라고
버퍼링처럼 중얼거리며
공생의 유토피아를 몽상한다

천국과 주점은
손에 잡힐 듯 모호한
허위와 무위의 군상들이
우연한 작별을 하는 교차로일 뿐

오늘도 사람들은
신호등 앞에서 마주쳤다가
이정표 앞에서 사라져간다

벌써 나도 〈천국주점〉 보다 을씨년스러운
블라인드 베일 속으로 사라진다.

몬드리안*처럼, 밀레처럼

이사 하고서야 알았다

내 삶은
쌀 한 톨의 무게도 감당하지 못하는 허깨비,
잡동사니만도 못한 부스러기였구나.

금가고 귀빠진 접시 하나도 버리지 못하는
탐욕의 정체를 알 수는 없을까

리어카에 밥그릇 하나 이불 하나 싣고
저녁연기처럼
새털구름처럼
떠날 수는 없을까

다시 어쩔 수 없는 미련에
새떼처럼 우수수 날아가는 먼지투성이

정작, 몬드리안의 그림처럼
살 수는 없을까

이 순간

밀레의 만종 앞에서
가장 아름다운 상징은

노을 속으로 사라지는
저 새 한 마리뿐

깃털 하나
툭
떨어진다.

*몬드리안 (Piet Mondrian 1872~1944) : 네덜란드 신조형주의 화가. 몬드리안의 수직선은 신과 같은 절대적 존재에 향한 인간의 의지로, 수평선은 인간으로서 모든 사물에 대한 포용이다. 이러한 그의 기하학적 추상은 "내 그림 속의 수평과 수직선들은 어느 것에도 제약 받지 않는 자연 그대로의 표현이다"라고 주장했다. 그의 그림들은 묘한 균형과 질서로 압도되는데, 그것은 절대적 단순미가 아닐까 한다.

살바도르* 곁에서

– 살바도르 달리의 〈입술 의자〉에 부쳐

미로인 줄 몰랐었다
퇴로가 막힌 골목길 끝에서 그나마
장승처럼 버티고 있는 가로등 그림자가
떠내려가는 무중력의 기둥을 칭칭 동여매고 있었다

나는 요나의 고래 아가리 같은 숨구멍 찾기를 그만두고
생존의 먹이사슬로 착각한 지푸라기 하나를 건지는데 성공했다.
네잎클로버 같은 착각이었다.

불쑥, 캄캄한 환영 속에서 드러나는 먹구름을 걷어내고
별똥별처럼 불시착한 '자유영혼'의 창시자, 그는
살바도르 달리였다

오랫동안 허깨비에 속은 망령, 그 욕망이라는 가면을 벗고
그를 숭배하기로 했다

울다가 웃으면서 노래를 부를 수 있는 모순조차
용납되지 않는 이율배반의 나라에서 그가 허용하는
입술의자는 해방의 암호였다

입술이라는 명제는
구차한 욕구의 상징이 아니라 절박한 하루치의 사랑, 그

이상이었다.
아름다운 미덕만을 추앙했던 사람은 그 입술의 혁명적 사랑을 체험해야 한다.

입술은 최후의 구원이었으므로
기꺼이 그가 내민 의자 위에 기울어진 사랑을 다시 일으켜 세우며

나는 지금 살바도르 달리의 입술의자에서
생애 가장 환하고 아련한 꿈결에 기대어 낮잠을 잔다.

*살바도르 달리 : 스페인의 '광인'으로 불리는 초현실주의 거장. 특히 시계가 흘러내리는 〈시간의 영속성〉 등은 프로이드의 꿈의 상징성에서 영감을 받기도 했고 파격적인 종교화와 조각, 건축, 영화 〈안달루시아의 개〉를 구상했다.

나는 피그말리온, 너는 마법의 새

오늘도 새장의 문을 연다
나의 연민아! 안녕?

귀퉁이에서 초점이 멍하고 깃털이 뽑힌 꽁무니가
파르르 떨고 있는 새 한 마리
아직 이름은 모른다

어디서, 누구에게, 왜, 어떻게, 언제, 무엇을…
너의 올가미시절에 대하여,
피도 눈물도 없는 타인처럼
육하원칙으로 추궁하지 않기로 한다
그것은 너의 마지막 존재형식이자
가시덤불에라도 숨고 싶었던
알몸일 테니까

이제, 너에게 연민이 아닌 '마법의 새'로 부르기로 하자
아니 피그말리온* 왕이 사랑한 공주라고 부를까

관계의 미학은 길을 잃은 고아에게도
먼저 이름을 불러 주는 일.
그리고 '이솝의 부리'로 숨결 한 모금씩 서로
떠 먹여주는 일이 아닐까

이윽고, 너는 곧 기름기 도는 깃털이

솟아올라 날갯짓을 연습할 테지

나의 공주여
이제, 새장 문을 박차고 활보하든
너의 집을 찾아서 저 푸른 해원으로 날아가렴.

*피그말리온 : 그리스 전설에 나오는 피그말리온은 왕인 동시에 조각가이기도 하다. 피그말리온은 아름다운 공주의 모습을 조각하고, 그 여인상을 진심으로 사랑하게 된다. 여신(女神) 아프로디테(로마 신화의 비너스)는 그의 사랑에 감동하여 여인상에게 생명을 불어넣어 주었고 그리고 공주와 결혼하게 된다

울고 있는 알 속에 너

무덤을 뚫고 나온 이여
그대가 새인가
그대는 처음부터 무덤 속에서 살았는가
언제부터 새가 되고 싶었는가

그대 역시
무덤 앞에서 길을 잃어 본 적이 있는가
한 때의 아웃사이더처럼

빛과 어둠의 경계를 구분하지 못하는 청매과니였는가
안개 속 휘파람처럼 유혹적인 에바부인*을 사랑했으나
아직 베아트리체를 잊지 못한다고 비밀을 고백했는가
유토피아로 가는 길에
그 좁은 문 앞에서 열쇠를 찾던 이가 누구였는지 만났는가
혹시
데미안과 싱클레어*가 살았던 집을 알고 있는가
세계와 세계 사이에 그어진 첫 칼자국 이야기를 들었는가
죽은 자와 잠든 자의 관계는 왜 통과의례라고 했는가

아직 알 속에 울고 있는 너
꿈이라면 좋았을
죽은 새의 산산조각난 눈동자를 보았는가

누가

알 속에 잠든
아프락시스*를 꺼내주기를 기다리는가.

*에바부인, 베아트리체 : 싱클레어가 정신과 육체의 눈 뜨며 차례로 사랑하는 여인들

*데미안과 싱클레어 : 헤르만 헷세의 소설『데미안』에서 함께 성장통을 겪는 절친 관계로 양극적인 존재로 상징된다. 참과 거짓, 선과 악, 이상과 현실이 끊임없이 투쟁하며 진정한 자아에 이른다는 모티브.

*아프락사스 : "새는 알을 깨고 나온다 알은 곧 세계다. 태어나려고 하는 자는 하나의 세계를 파괴하지 않으면 안 된다. 그 새는 신을 향해 날아간다. 그 신의 이름은 아프락사스다."

붕새

- 운보 <태양을 먹은 새>

그 새는
태양을 먹고 대신 하늘을 소유할 수 있는 자유를 얻었는가
회오리바람으로 뜨거운 구름을 일으키는
그 새의 날개 죽지를 보았는가

바벨탑에 사다리를 놓아 태양까지 도착하는 시대가 오기도 전에
벌써 그 새는 북극하늘의 태양에 다녀왔다

운보
그는 심장이 터질듯해서
태양을 삼키려고 새가 되고자 했는가

새는 붉은 바다에 연신 영혼을 토하고 태양을 삼키려다
그의 혀를 깨물고 말았을까

끝내는
태양을 삼키다가 새의 주둥이가 목에 걸려
벙어리가 되고 말았는가

그러나 몰래 태양을 짝사랑하는 까닭에
발끝을 들고 허공을 빙빙 돌기만 했던 우향도
붕새를 만나기나 했을까.

애오라지

우리 너나없이
간혹, 그러나 어쩌다
시지프스 쇠사슬에 발목이 아프기도 한가요

미생의 욕망 한 덩어리씩 안고 으깨어질까
몸서리치는 악몽에 잠이 깨기도 하는가요

불쑥, 난데없는 꼬챙이가 호주머니에서
허벅지를 찌르기도 하던가요

골고다 언덕으로 절대자를 좇아가다
돌아서서 빠진 발톱을 줍고
닭이 울기 전, 도망쳤다고 했던가요

그러다
거미줄에 걸린 나비를 곡예사의 그네로 데려가는
기막힌 생의 반전을 소원하기도 하였나요

애오라지
시지프스 쇠사슬을 풀어 줄
낙타 바늘귀를 찾기는 했나요.

파뿌리

파뿌리를 다듬으면서
나는 오늘에야
파뿌리의 숙명을
생각한다

거울 앞에서 여자는
머릿카락 틈새 한숨의 잿더미같은
각질을 털어내며 파뿌리를 뽑는다

숯검댕이처럼 그을린 시커먼 가슴을
쥐어짜는 통증이 올 때도
여자는 무심결에 앞치마를 입고
비틀거리며 부엌으로 갔겠지

뿌리채 흔들리던 어금니를 악다물고
꺼질 듯, 꺼질 수 없는
애증의 잉걸불을 어떻게 끌어 안았을까

저 여자는 한 번 더
생애 마지막 과업을 완수하려고 했을까

밥상 앞에 마주앉을
피붙이와 살붙이를 위하여
오늘도 파뿌리를 다듬고 있는

저 여자

손톱 밑의 가시 때문에 아프기 만 한
저 여자의 손가락을 동여매고 있는
저것은 반지라는 것,
파뿌리가 될 때까지라고 약속한 굴레인가
그저 어미소의 코뚜레같은 순정인가

파뿌리가 사랑의 증표라고 누가 처음 기록했는가.

달팽이와 낙타

나, 달팽이

언젠가 낙타의 등을 타고
고비로 가는 꿈을 꾸었다
사막의 웅덩이에서 빠져죽은 당나귀도 보았다
낙타는 당나귀에게 사막을 걷는 법을 가르쳐 준 적이 있었다.
낙타에게도 트라우마가 있다면
실크로드의 낭떠러지에서 미끄러진 기억뿐이다
평생 아랫목에 누워 잠을 잔 적이 없는
낙타는 무릎을 꿇고 기도하지도 않는다
오로지 모래폭풍의 한 가운데를 통과하여 오아시스로 가는
지름길을 찾아내는 것만이
그나마 서러운 존재로 화인을 찍을 것이다

어느 날, 낙타는
햇살에 멀미를 하면서도
신기루가 왜 허상인지를 맨발로 체험하고 싶은 달팽이를 만났다

모래꽃을 본 적이 없는 달팽이.
대신 어린왕자와 사막여우와 어울리는 꿈을 꾸고 싶었다.
달팽이는 눈 먼 세상을 더듬으며 바람의 언덕까지 혼자 올라갔다

그날 밤, 발길질하는 낙타의 발톱 위에서 언뜻 잠이 들었던가

그리고 눈물의 갑옷으로 지붕을 짓던 달팽이
별똥별 쏟아지는 사막에서 기적처럼 베푸는 소나기에
온 몸의 껍질을 벗는 꿈을 꾸었다
저기, 사막을 건너 피안의 저쪽,
오아시스로 가는 길이 어렴풋이 보이는 것 같았다

나, 달팽이,
낙타와 동행하고 있는 중이다.

耳順에 쓰는 감상문

오랫동안 호접몽의 허물을 벗지 못한 채,
여기까지 왔다

지난 不惑의 시대
온통 눈을 찌르는 은빛 비늘이 꽃잎으로 떠있는
미혹의 강물이 범람하기도 했던가?

知天命 에움같은 넘을 때는,
첩첩산중 스무고개를 허깨비와 나란히
녹슨 문마다 비밀번호를 바꾸기도 했구나
설마 시나브로,
노안을 희롱하는 주마등이라 한들
한쪽 눈 질끈 감고 못 보는 척도 할 수 있을까만
풀밭에 누워 한바탕 단잠이나 잘 줄 알았으랴

낮잠을 자다 말고 하품이나 하는 늙은 진돗개처럼
고향집 마루, 고장난 뻐꾹 시계의 건망증 같은 것이라고

누가 날더러
이젠 耳順이라고 가르쳐준다.

2

사랑과 사람 사이, …

"사람과 사람 사이, 섬이 있다.
그 섬에 가고 싶다."
– 정현종, 「섬」

하늘이 그립다

-버드 세이버에 대하여

새로 생긴 우리 아파트의 유리벽 아래
떼를 지어 죽은 박새들을 보았다

버드 세이버*라는 가짜 독수리를 붙여놓지 않은
건설회사 회장을 상대로
하늘의 소유권이 누구에게 있는지 따지는 것은
고양이 목에 방울달기가 아닐까

하늘과 땅 사이
낯선 대상은 유리벽, 어디 그것 뿐이냐고

나는
유리벽을 뚫고 사각지대를 감시하는 횡단보도를 돌아서 갔다

계절이 네 번 바뀌는 동안, 찾아가지 않는 헌 우산과 가죽잠바의 주인을
기다리느라 가게 문을 닫지 못하는 소아마비 아저씨도
죽은 새들과 솔거의 소나무*를 말씀하신다

인공저수지의
징검다리를 두드리며 건너가는
저 쪽, 내가 살고 싶은 집이 있다

뾰쪽한 탱자나무도 심지 않고
박새와 참새들과 제비들과 고슴도치에게도
셋방을 주고 싶다

그러거나 말거나 버드 세이버는
하늘이 그립다.

*버드 세이버 : 고층빌딩 유리창이나 아파트 투명 방음벽을 하늘로 착각하고 부딪쳐 죽는 새들을 방지하기 위하여 그려놓는 위장 그림이나 가짜 맹금류 스티커로써 충돌 방지 디자인이다.

*솔거의 소나무 : 『삼국사기』에 의하면 황룡사 벽에 그린 〈노송도(老松圖)〉에 새들이 앉으려다가 부딪혀 떨어졌는데 세월이 흘러 단청을 했더니 새가 날아들지 않았다고 한다. 이 일화는 당시에 사실적인 묘사 중심의 회화가 발달했음을 보여주고 있는데 생동감이 넘치는 채색하였을 것으로 추측된다.

비둘기 의문사

저녁때가 되어 올리브 이파리를 입에 물고 돌아온
너희들은 온 몸이 젖어 있었지

그렇게
노아의 홍수에서도 은택을 입어 방주의 백성이 되었건만
새끼양처럼 순결한 입술을 가졌다하여
가난한 제사상의 제물이 되었던 시대도 증명할 수 있건만

신께서 선물한 영감을 전수받아 전쟁터의 메신저가 되고
부터
'비둘기부대' 어깨마다 혁혁한 계급장까지 달게 되었건만,

어쩌다 무슨 죄명으로 성북동에서 쫓겨났는지
그 때부터 오갈 데 없는
너희들은 풍찬노숙의 고질병에 시달리는 구나

중세의 왕으로부터
윤동주까지 사랑받던 온 몸을 닦은 폐광의 휴지처럼
케케묵은 숙변 때문이냐

조류독감에 걸려 살처분 당하는
다른 날짐승의 이마를 만져 보았느냐

보아라, 저기

아직 푸른 깃털과
잿빛 추억을 만지작거리는 사람들이
너희들의 장례식장을 가고 있구나.

상큼한 사과 향에 생을 마감한 수달이야기

낙동강 갈대숲 언저리,

불로초를 캐러 다니는 아재들이
"심봤다!" 환호성을 질렀는데
몽글몽글 수증기를 피워 올리는
똥 덩어리뿐 이라니

족제비니, 너구리니, 수달이니
곰과 사슴과 돌고래처럼

아재들은 왜 하필, 이름이 예쁜 동물만 사냥하고 싶어 하는지
나는 영영 모르고 싶다

너의 몸에서
로얄제리 같은 담즙이 흘러내리자
아제들은 욕망의 비게 덩어리를
접시저울에 올리며 군침을 삼키더라니

스페인에서 온순하기로 소문난 네가 이 땅에 입양을 온 후로
친구였던 오리까지 잡아먹으며 '괴물쥐'로 진화하고 있다는데
철면피 아재들은 너의 쓸개에 빨대를 꽂아 줄

애인을 구하느라 혈안이라더니

아재들이여
구태여 이웃나라 동물복지 따위는 설파하고 싶지 않다만
수달 새끼들에게 고향의 애미젖 냄새 풍기는
'풋사과 향'* 유혹만은 하지 말아주세요.

*사과 향 : 한국에 들어와 '괴물쥐'란 오명이 붙은 뉴트리아의 이름은 스페인어로 수달이다. 1980년대 육용, 모피용으로 한국에 들어와 낙동강지역에 서식하며 포획 틀에 사과 등 과일을 넣어서 사냥한다.

겨울 호수의 민낯

이렇게 바닥이다

이런 날이 오리라 몰랐다면
외눈박이의 변명이다

살아온 징검다리를 헤아리면서 몇 번쯤 발등을 찍었던
충격을 기억하지 못한다면 백치의 헛웃음이다

마른 억새처럼 건너가는 겨울 호수의
종아리에 푸른 멍 자국이 드러나고 있는 것은

땅 속 실핏줄의 맥박은 발끝까지 뻗어가고
뿌리들의 숨구멍도 목울대를 넘어가고 있었는데
그러니
철새들을 태운 배가 바닥까지 가라앉지 않았다면 이렇게
갈라지고 터진 西湖*의 뒤꿈치를 보았을까

그런데 아니다
본디 진흙바닥에 앉지 않으려는 연잎의 본능은
뿌리의 앙가슴 허파에서 부터
들숨 날숨으로 견디는 것 뿐

훤히 드러난 겨울 호수의
민낯을 보고서야

알았다

저기

허공과 바닥 사이

해오라기 한 마리도
겨울 호수의 민낯을 보았다.

*西湖 : 조선대학교 김 종 교수가 광주 8경 중 하나로 '西湖'라고 명명한 광주시 서구 운천동에 위치한 운천저수지.

잉태 신드럼(syndrome)

여자의 뱃속은 천지창조의 기원이라는 진리
간절한 상상은 수정란을 착상시킨다는 발상은
잉태에 대한 21세기 패러독스가 아니다

사내의 옆구리에서 갈비뼈를 빼낸 만유의 조물주께서
여자의 코에 입김을 불어넣어 피조물이 잉태되는 진리는
구약시대 동굴의 벽화가 되었다

그러나 먼지 한 톨, 혹은 1몰의 산소분자 말고도
지상의 모든 존재들은 잉태의 유래가 있을 진저,
카인과 아벨의 후손을 얻지 못한 누군가는
나팔꽃 같은 난자, 말발굽 같은 정자를 구하지 못하여
발을 동동거린다

21세기 천지창조를 재현한다는 시험관,
그 불투명한 암흑 속에서 죽은 배아의 시체를 꺼내
양지 바른 곳에 묻어준 적이 있다

그 후, 물레질하는 여자는
질그릇을 만들다 모아둔 진흙덩어리로
피조물의 유전자를 공손히 빚으며
천년을 기다리고 백년을 기다려
그토록 간절한 잉태의 전설을 다시 쓰리라.

꿈에 본 새끼호랑이

밀림에서 길을 잃고 여기까지 온 줄로 알았습니다
비단뱀을 닮은 꼬리는 사육사에게 벌을 받았는지
반 쯤 절단되어 있었습니다

새끼 발톱이 빠졌다고 앙앙거리는 것조차
애처롭고 사랑스러워

나의 요람에서 자장가를 불러주며 잠을 재우고 싶었지만
강가 풀밭에 집을 지어주고 화초 키우는 법을
가르치고도 싶었습니다

늑대인간이라는 것도, 알고 보면
모든 생명체는 환경적 존재라는 얄궂은 숙명일진대
호랑이새끼도 여자의 젖을 물리고 색동옷을 입히면
분명 사람이 된다고 믿었습니다

눈을 뜨자,
오래 전 애틋한 사랑만큼 일그러지며 깨어나는
꿈은 아프고 아팠습니다

어젯밤 꿈 속에서
내 새끼발톱이 빠졌는지
핏물이 든 온 몸으로
사랑의 진통이 시작되고 있었습니다.

고양이와 하룻밤을

거리의 상점마다
초저녁별을 따서 간판에 걸어두는 도시의 바깥

나무들은 어둠의 살바를 휘어잡고 실랑이를 하지만
약자와 강자가, 갑과 을이, 승자와 패자가
서로 가랑이에 묻은 싸움의 흔적들을 털어주는 시간

대개는 시지프스 짐꾼이거나
일독에 빠진 일개미이거나,
폼. 생. 폼. 사 배짱이거나
앞치마를 입은 여왕개미가 현관문을 열어주기 전에는
누구도 도시 안쪽, 벽에 붙은 가족사진을 볼 수 없어서

대개는 무위의 밤이 허락하는
공평한 지상의 방 한 칸을 껴안고 싶어
휘청거리는 꿈길 속에서 하늘하늘 손짓하겠지

길고양이 한 마리,
추파를 던지듯 헛기침으로 교신하는 너의 앙탈이 그리웠다

오늘 밤도 어느 은신처 구석자리 차지하는지 묻지 않으마.
나비야! 목걸이에 달랑거리는 아직은 생생한 이름을 불러준다

고백하는데, 고향의 별자리가 스미고 강아지털이 묻은
너의 꼬리로 헝클어진 내 머리칼을 쓸어줄 때, 그 때 잠
들고 싶었지

그냥, 서늘한 뼈마디가 쑤실 뿐
고양이 한 마리 파고들지 못하는 시든 육신으로
또 하루의 눅눅한 장막을 접었다가 폈다가

불면을 예고하는 밤.

어떤 祕話

– 너의 사라진 오른손에 대하여

방금 너는 별똥별이 되어 은하계로 떠났다

그리고 오늘, 너의 이름을 처음 알았다
「悲報」라는 제목으로 동창회 애경사 공지에서

혼자 지구의 무게를 감당하였던 너는
끝내 고독과의 순결을 지키기 위해
하늘로 돌아간다고 했다

너는 추억이라는 공통분모에도 없는 대상들 가운데
가장 먼 기억의 변두리에서 살고 있었고
그렇듯, 우리는 만남의 연속선상에서도 서로의 존재를 애써 몰랐다
무엇이 우리를 사방팔방을 둘러 싼 장벽 반대편에 가두었을까
언제였던가 하마터면
너와 나는 슬픔이라는 이름의 공통분자가 될 뻔도 했었구나

저마다 건너 온 세월의 강에 대해 이야기할 때,
너는 생은 우리가 한 번쯤, 남몰래 길바닥에 뱉은 풍선껌처럼
아무렇지 않은 거짓말투성이라고 말하고 싶었을까

너와 나,

비극과 희극의 어느 중간지대에서, 혹은
너의 얼굴처럼 창백한 노을과 나의 은빛 머리칼의 어느 경계선에서,
사선으로 떨어지는 햇빛의 부스러기를 주우면서,
나는 너의 입술에서 담뱃불처럼 짓이겨지는 잿불을 일으켜주고
너는 나의 어깨를 덮고 있는 검버섯 같은 티끌을 털어주었다면
우리는 쓸쓸한 풍경에 어울리는 주인공이 되었을 거야

아마 그 때, 우리가 악수를 나누었다면
나는 어쩌면 도둑질 당했다는 너의 반 쪽 생애와
맞바꾸었을지도 모르는
오른손을 찾아보았을 텐데,
아니 사라진 너의 그 오른손에 대하여
턱을 괴며 물었어야 했다

실로 그 때,
아직은 살 만한 나의 두 손으로
서럽고 차가운 너의 왼손을

부드럽게 안아 주었어야 했는데
너의 이름은
이제 떼어낼 수 없는 주홍글씨처럼
나의 손바닥을 찌르는 못 자국이 되었구나.

정녕,
미안하다

영영 사라진 너의 오른손에게!

시인과 수녀

- 검은 베일의 여인 마리요셉에게

오늘 그대는 검은 베일을 쓴 '마리요셉수녀'가 되었고
나는 어제 고뇌에 찬 시인이 되었습니다.

우리가 한 때
첫 새벽에 수탉이 홰를 치듯,
깃발을 흔들자 맹세했던 잔 다르크를 기억하나요.
우리도 예전엔 횃불에 화상을 입을 줄 알면서도 평생에 한 번
큐피트의 화살을 맞고 싶은 에로티시스트가 아니었던가요?

다시, 고백하건대 우리는 너무나 인간적인 리얼리스트가 아니라
세 끼의 밥을 먹고 배가 부르면 불쑥 지구의 끝까지 가보고 싶은
경험주의자가 아니었을까요?
아니, 으깨어진 거울 앞에서 고백했던 바,
사회적 동물이란 겹겹의 갑옷을 걸친 페르소나가 아니었던가요?

그대가 성모마리아께 우리는 어디에서 왔으며 어디로 가야 하는지
뫼비우스의 매듭을 풀어달라고 애원할 때, 나는 옥합을 깨뜨리어

죄 많은 머리털로 예수의 발에 키스를 하고야 마는 주홍글씨의 여인이기도 했지요

아니, 우리가 믿은 건 허풍선이 허공의 끝, 천상의 유일신이거나

애타게 부르면 메아리처럼 돌아와서 하늘과 땅 사이를 거래하는 수호천사도 아니었으며

피조물의 닮은꼴 형상을 복제한 지상의 신이었음이 분명했습니다.

그러니 원하는 건데, 우리가 청맹과니로 세상을 믿거나

제 몸을 불사르듯 사랑하거나 고슴도치 이웃을

프리허그로 섬기고 싶은 대상은 오로지 사람이며 인간입니다

누구에게나 때 묻은 진리를 간구하는 그대여

나는 별을 헤다 턱을 괴고 생각하는 사람을 흉내 내는 시인이기 보다

상처입고 울부짖는 순한 짐승으로 살고 싶습니다.

그러니 지상에 잠깐 폭설이 녹은 후에 낮달이 얼어 죽은 거리마다

껌딱지 같은 흉한 얼룩이거들랑 그대의 검은 베일의 그늘로 덮어 주소서

우리의 절대자는 오로지 그대 가슴과 내 가슴에
샴처럼 붙어 헐떡이는 핏덩어리
그 두 개의 심장 속에 살아있기 때문입니다.

나비와 나방

밤물결의 향기를 좋아한다는 너도
처음엔 나비였다고 한탄을 했어
밤마다 날개를 접고 더듬이로 기어가다가
온 몸의 뼈마디가 쑤신 동료들끼리 만나서
가로등 아래에서 잠깐 한눈을 팔다가
이름표가 바뀌었을 뿐이라고 했어

잃어버린 한 쪽 날개에 대하여 애통해 하거나
어깨 죽지에 실금이 가서 울먹거리는 나비들에 대하여
낮과 밤을 차별하는 정글의 법칙을 모르는 애송이라고
차마 귓속말을 하겠지

너는 나비의 눈물을 보지 못한 척해
나비는 꽃이 되려다 독버섯에 취하거나
여왕벌의 발톱에 숨을 죽이거나
장미가시에 찔리기도 한다는 걸
모를거야

우리의 공통점은 날개가 있다는 것과
더듬이와 페르몬, 그리고
늘 하늘을 동경한다는 거야
또 있어
우리를 세상에 보내 준 어머니가 말씀하셨어
우리는 한 핏줄이라고

나는 너를 나비라고 부를 거야
너는 나에게 나방이라고 불러도 좋아

나비이거나, 나방이거나
우리가 태어난 날부터 사람들은 똑같은 꿈을 시작하지
바다에 갔다가도 하늘로 돌아가고 싶어 하지

어느 날
우리가 지구 반대편을 돌아와서
낮과 밤이 나란히 베개를 베는 여명의 나라에서
함께 죽는다면
너는 다시 나비로
나는 다시 나방으로 태어나자.

거룩한 4.19 혁명 기념일에

- 우리 아들에게

아들아 그리고 아가야!

오늘 너희는 거룩한 '혁명일'을 맞이하였구나.

그러니까 이 땅에 까마득한 55년 전에 일, 그 날과 무슨 상관이 있겠냐마는

감히 혁명으로 치자면 일생을 걸쳐 결혼만한 역사적인 과업이 어디 있겠느냐

혁명이 아니고서 어떻게 너희는 겁도 없이 이 험한 세상을 향해 도전장을 내밀며

결혼 또한 거룩한 혁명이라고 선언을 하겠느냐

아들아, 돌아보면 너의 존재는 하늘이 내게 준 기적의 선물임이 틀림이 없구나

그러나 엄마는 새삼 너에게 용서를 빌고 싶다

아들아, 엄마는 너를 온전하게 사랑하지 못했음을 고백한다

사랑은 "천사의 말을 할지라도 사랑이 없으면 소리 나는 꽹과리와 같고,

또한 사랑은 온유하고 오래 참는다."고 했거늘,

엄마는 너무 많은 조건을 만들고 그 안에서 사사건건 규칙을 강조하느라

너를 온전하게 사랑하지 못했구나

그럼에도 불구하고 분명한 것은 우리는 똑같이 헤아릴 수 없는 상처와 고통을 나누며

함께 성숙한 인격체가 되었음도 이제야 깨닫고 있구나

밖에서는 사랑을 실천하는 직업이라는 것, 안에서는 자식을 사랑으로 키운다는 것도

진실로 하늘에 계신 그분께서 보실 때 , 얼마나 부끄러운 모순투성이였는지

그럼에도 불구하고 아들아

우리 집은 항상 화목한 분위기가 넘치도록 노력했으며,

원망과 불평보다는 서로의 존재를 감사하며 살고자 애썼다는 것을,

꼭 기억해주었으면 한다

아들아, **첫째로** 자주 앞치마를 입는 남편이 되길 바란다.

그리고 일주일에 하루는 둘이 손잡고 '시장 데이트'를 추천하고 싶구나

특히 장인어르신과 장모님 생신 때, 이름난 음식점에 가기보다는

어르신이 좋아하시는 요리를 정성껏 만들어 대접해드리기를 당부한다

언젠가 엄마 생일날이었지? 너 혼자 인터넷 레시피를 보며 심혈을 기울여 만든

그 돼지고기 수육요리를 잊을 수가 없단다

둘째로는, 우리 가족 일 년에 한 차례는 꼭 가족여행을 갔으면 한다

여행이 주는 뜻밖에 신비로운 경험을 서로 나누고 싶구나

허허실실 자유로움 속에서 감정의 찌꺼기를 훌훌 벗어버리며, 서로는 결코 틀린 것이 아니라 다르다는 것을, 무지개의 원리에 대하여 깨닫는 가족이 되자구나

세 번째, 너희는 어린왕자와 장미꽃처럼 서로 귀한 존재가 되길 바란다

눈으로 보이는 것보다 보이지 않는 것들에 마음으로 귀 기울이라고 했던 어린왕자가

장미꽃이 외롭지 않게 돌보아 주며 세상에서 둘도 없는 친구가 되어 주었잖아?

또 서로 관계를 맺는다는 말은 세상에 하나 밖에 없는 존재에 대하여 책임을 진다는 것, 그것은 서로 길들이는 것, 그러면 서로 필요한 존재가 되는 것이라고 했다

그렇게 서로 아끼고 돌보아 주는 부부가 되길 바란다

네 번째는 아들아

부디 더도 말고, 덜도 말고 꼭 아빠만큼 아내를 진실하게 사랑할 것을 부탁하고 싶다

억지로 상대를 변화시키려 하기 보다는, 있는 그대로 모습을 인정하는 평행선 같은 부부가 되길 바란다. 1+1은 결코 하나가 아니라 둘이라는 단순한 공식을 잊지 마렴

다섯째는, 인간은 생각하는 갈대라고 말한 파스칼이

그보다 더 유명한 이야기를 했더구나
그것은 미완성의 인간에게만 허락된 신의 존재에 베팅하라는 것이야
결론을 말한다면 신의 존재를 믿는 쪽이, 반대로 신의 존재를 믿지 않는 쪽보다는
훨씬, 더 이득이 크다고 했단다
속 깊은 우리 아들은 이 말의 뜻을 이해하리라 믿는다.
신앙은 너희 가정을 허물어지지 않는 반석 위에 세우는 일이라는 것,
꼭 잊지 않길 바란다

그래서 비록 너희가 앞으로 개척하며 살아갈 세상일지라도,
그렇기에 스스로 신념에 책임지는 현명한 신세대일지라도,
경험주의자로서 삶은 이성이 아닌 체험의 산물임을 전수하고 싶은
인생선배인 부모와 나란히 동행할 수 있다면 그보다 더 바랄게 없구나

우리 양가 부모는, 아직은 한없이 미약하고 불완전한 너희를 둥지 밖으로
보내지만, 오늘부터 저는 며느리를 귀히 얻은 늦둥이 자식처럼 여기며,

또한 기도로써 주의 인도와 은총을 간구하는 어머니가 될 것을 약속드립니다

이제 마지막으로 엄마가 우리 아들에게 고백하고 싶은 한 마디가 남았구나

아들아 사랑했다

그리고 죽는 날까지 정말, 정말 사랑한다.

- 결혼 축사를 대신하며

겨드랑이에 성경책을 끼고 걷는다

바퀴에 바람이 빠진 자전거를 끌고 가는 사내아이가
끝내는 울음을 터트린다
나도 바람이 빠진 수레바퀴에 깔려서 죽을 만큼
신음을 한 적이 있었지

소년아
너는 또 오늘처럼
길 위에서 울음을 터트리거나,
수레바퀴의 아킬레스건이 고장 나 삐걱거리기도 하겠지

십자가 위, 새 한 마리
소년이 놓쳐버린 종이비행기처럼
길을 잃었나 보다

소년아
부디 눈물을 그치렴
너의 이름을 외우며 기도하마

교회 앞,
구름떼로 모여든 자동차들의 바퀴들이
배부른 자의 기도처럼 너무 부풀어 있다

아직은 푸른 깃털과
잿빛 추억을 만지작거리는 사람들이
너희들의 장례식장을 가고 있구나.

장미와 가시

열정과 냉정은 한 몸에서 태어났다
붉은 태양과 그림자를 사이에 두고
장미의 전쟁*을 하고 있다

장미는
가시 때문에 아프다 하고
가시는
장미 때문에
슬프다고 한다

애당초
장미와 가시도
애증의 관계였음을 숨겼다

가시가 먼저 장미의 등을 할퀴고
장미는 돌아서서 제 가슴을 찌르고
말았다.

사랑은 아직 끝나지 않았다.

*장미의 전쟁 : 1989년 마이클 더글라스, 캐슬린 터너 주연의 한 가정의 불화를 극대화 시킨 미국영화 제목이다.

어둠의 자식들

밤이 되었을 때
어둠은 자꾸 배가 불러왔다
화성과 금성이 한 몸을 이루어
자식을 낳는다 해도
그의 어머니는 평생 캄캄한 감옥에서
생을 마치게 될 것이다

아담이 건네주는 사과를 먹고
어둠의 자식들을 낳았기 때문이었다

오늘도 별 하나가 어둠 속으로 쫓겨났다.

태양의 양녀, 소후

그는 태양의 딸로 태어났으나
또 견딜 수 없는 무엇인지 부족하여
태양의 남자들을 입양하기 시작했다지요

〈태양은 가득히〉에서 알랑드롱 같은
불안을 잠식하는 뜨겁고 차가운 눈동자를
사랑했기 때문이라거나

〈태양은 다시 떠오른다〉의 헤밍웨이가
방아쇠를 당길 때
태양의 파편 같은 날카로운 총소리를
잊지 못해서라고 했던가요?

〈태양을 닮은 사나이〉 빈센트 반 고흐가
해바라기에 집착했던 만큼이나
파멸을 일삼는 질투의 태양신을 숭배하는지도 몰랐어요

어느 날엔 〈태양을 먹은 새〉가
운보의 혀까지 먹었기 때문에
그 태양을 입양하면 자신도 그 새를 키우는 것이라 했나요

불타는 타라의 언덕에서
〈내일의 태양은 내일 또 떠오른다〉고 입술을 깨문
스칼렛의 생존본능을 선망하는 눈짓으로

〈태양의 흑점〉에서도
무궁한 영감의 에너지를 캐내기 위하여
해바라기 밭을 끝끝내 헤맨다는 당신

훗날, 보랏빛 안개비가 소스라치게 내릴 때
베네치아 곤돌리에 노랫소리를 들으며
생시인 듯, 자장가인 듯 꿈꾸고 싶다고 하는군요.

김종 作, 「아름다운 카리스마」

3

사랑 앞에서, 운명 앞에서

사랑 앞에서, 운명 앞에서
우리는 어쩔 수가 없는 것이다
"파도야 파도야 어쩌란 말이냐"
- 유치환

냉정과 열정 사이 - OST

-〈The whole Nine Yard(모든 것, 부족함 없는)〉 - 현악5중주를 들으며

사랑을 기억하는 그대라면,
처음엔 콘트라베이스 밧줄(현) 5개로 묶인 돛단배에 누워 보는 것,
꿈이 아닌 향수의 바다로 떠내려가도록
그리고 그녀의 고독이 그대의 눈동자로 흘러가도록

사랑의 약속을 믿는 그대라면,
첼로의 가랑이 사이에서 그 신기한 울림 비슷한 낭만이 아니라는 것,
흐릿한 빗물에 섞여 흐르는 알 수 없는 쓸쓸함이라는 것,

바이올린의 통증, 피치카토의 손가락 같은 아릿함으로 견디는 것,
이렇게 사랑은 냉정한 속도로 천천히 사라진다는 것,
한때 그대의 열정이 소중한 모든 것이었다면,
시간이 정지한 듯, 팽팽한 냉정의 기다림이라는 것,
그래서 2개의 바이올린이 교차하듯
가문비나무 사이 가로지르는 저 성당의 시계탑도 멈추어 버렸다는 것,

설령, 서로 약속의 피 같은 독주를 마셨다 해도
가랑비가 옷을 젖듯 현실의 넌더리를 견디면서
추억의 다락방에 갇혀 버렸다는 것,

그것이 냉정이라는 것

비올라의 현이 주홍빛 노을 속으로 낮게 스미어 들 듯이
오렌지색 지붕으로 날아가는 두 마리의 비둘기가,
현과 활이 서로 입술을 탐색하고 돌아서는 것,
그것이 끝내 묵은 알토처럼 삭혀야하는 열정이라는 것,

처음에 영혼의 옷을 서로 바꾸어 입었던 그대들
이제야 기억과 망각의 수면 위로 미끄러지며
냉정과 열정 사이, 아득한 어디쯤에서
남자와 여자는 슬로비디오처럼 서로를 만지리라는 예감…

열정과 냉정 사이
그것이 사랑의 모든 것이라는 것!

에스프레소에 눈물방울 떨구다

– 파리에서 소낙비를 만나다

지금도 함부로 탐할 수 없는 에스프레소*
너, 그 때가 첫 경험이였어

퐁네프다리*를 건널 때,
한 쪽 눈이 안 보이는 줄리엣 비노쉬*의 더듬거리는 손아귀가
와락 잡아줄 지도 몰라서
세느강의 분노하는 표류에 몸을 던지고 싶었어

파리의 노을을 삼키고 노틀담 벼랑 아래로 쏟아지는
소나기를 마시고 싶어
에펠의 처마밑을 기웃거리다가
혀 끝에 감도는 치명적인 오감의 언어로 너를 만났어

와인였거나, 위스키였거나,
꼬냑였거나, 칵테일였거나,

집시가 부러운 낯선 이방여자의 트라우마 때문였을까

내 사랑의 디저트는 지독한 쓴맛이라고 고백할 무렵
누군가 에스프레소라는 이름으로
찢어진 우산을 내 밀었어
소나기는 그쳤으나,
나는 에스프레소에 눈물 한 방울을 떨구었어.

*에스프레소 : 커피의 심장이라 불릴 만큼 맛과 향이 진하다. 마치 쓴 한약 같아 평범한 사람들에겐 친숙하지 못하다

*퐁네프다리 : 파리의 세느강을 가로지르는 9번째다리, 연인의 다리, 예술의 다리로도 불릴 만큼 사랑받는 다리로 유명하다. 영화 〈퐁네프의 연인들〉의 배경이며 예술가들의 무대이다

*쥴리엣 비노쉬 : 영화 〈퐁네프의 연인들〉에서 퐁네프다리에서 노숙하는 남자와 처절한 사랑을 했던 시력을 잃어가는 여주인공.

젤소미나의 돌멩이

– 영화 〈길〉에서

돌멩이는 애초 떠도는 섬,
한 모금 햇살이었을 것이다

애초 바위 틈, 풀 한 포기였을 것이다
아니 사랑스러운 벌레였을 것이다

그렇지 않고서야
저리 가날프게 꾸물거리고
헐떡거리고 바스락거릴 리가 없다

남자여, 햇살을 갉아먹으며 손바닥을 구르던
따뜻한 돌멩이를 기억하는가

목덜미를 할퀴는 흙바람때문에
시나브로 별빛은 희미해졌어도
젤소미나는 그의 곁에서
아장거리며 걸어갈 뿐이었다

길이 끝나지 않는 한 걸어갔을 것이다
세상을 이어주는 유일한 끈이었으므로

돌멩이 하나가
쓸모 있는 존재에 대하여

파랗게 멍든 새가슴 속에서 중얼거렸지만
젤소미나는 슬픔이 슬픔인지도 모른 채
돌멩이가 으스러지도록 껴안고
미이라처럼 죽었다는 소문을 남자는 들었는가

아무리 파도를 움켜쥐어도
물거품처럼 부서지는 메아리

뿌리가 동강난 풀 한 포기와
앙상한 햇살을 모르고 삼켜버린
짐승 같은 남자가 통곡하고 있다

남자여 애통하지 마라
젤소미나의 돌멩이는 아직 식지 않았으니.

순교자의 집

\- 오웬기념각에서

누구의 기도인가

붉은 해는 십자가에 걸리었다

어찌할 수 없는 슬픈 모가지는
100년 동안의 노을로 엎드려 있다

증인의 수의처럼 푸른 이끼를 입고 있는 지붕엔
철모르는 비둘기들만
기모노가 흘리고 간 검은 손갈퀴를
쪼아 먹고 있는데

나는 보았다
녹슨 교회당 문고리에서
뚝뚝 떨어지는 핏빛 기억들을
태평양을 건너 온 파란 눈동자들의 검정 고무신은
교회당 삐걱거리는 마루 밑에서 흐느끼고 있는 것을

다시 보았다

호랑가시나무 언덕에서 넘어오는
거룩한 구름의 후광이
순교자의 묘지를 감싸주고 있는 것을

아직, 저리 아프게 매달린 속눈썹의 눈물은
누구의 기도인가.

*오웬기념각 : 광주전남에서 최초 선교사로 활동하다 순교한 오웬(한국명 오기원)을 기념하기 위해 1914년에 준공한 근대건축물이다. 광주유형문화재 제26호이며 개신교 유적이다. 그밖에 양림동산에는 22명의 선교사 묘역이 있다.

김현승의 후예

– 사직 숲에 기대어

푸른 제복의 청년에게 편지를 부치기도 했던
소녀는
비둘기 발자국처럼,
총총 양림동으로 간다

시나브로 기억의 환각 가뭇해지거나
문득 애달픈 꿈길 속의 편린들
사막의 불빛처럼 깜빡거리는 날이면

그 무렵, 시인을 사랑하다가
길을 잃기도 했던 여자는
뜻밖에 김현승의 고독한 별을 만나
사직 숲 속 오두막집에서 잠 들었을까

또 누군가는
붉은 고딕지붕 사이를 건너가는 구름의 발끝으로
펭귄마을의 고장 난 자전거바퀴를 굴리고 있거나
어비슨 동상의 청동빛 그림자가
양림교회 뒷마당에서 어슬렁거릴 때
노을바다 출렁거리는 해거름의 사직으로 간다

이제 우리는
시래기 같은 햇살과 구멍 난 호주머니 속 추억도

촉각조차 까마득한 단 한 번의 까무러친 포옹도
은하수 같은 시를 쓰기로 건배하면서
오늘 밤, 별들에게 들려줄거다.

가족조각*

일요일 오후,
햇살이 하품을 하고

아버지는 건너 방에서
EBS TV 명화극장에서 흑백필름 외국영화를 보고 계셨다
누렇게 바랜 벽지에 아버지의 헛기침과 붉은 눈자위가 어룽거렸다

엄마는 꾸벅거리다가 말다가 너덜너덜해진 성경책에
빨간 색연필로 침을 발라가며
밑줄을 긋고 계셨다

여동생은
온 몸이 풍선처럼 부풀어 올라
숨을 헐떡이고 있었는데
훨씬 뒷날에서야 평생 병마에 시달리는 신장병이라는 걸 알았다

남동생은 체 게바라 베레모를 쓰고
휘파람을 불며 일찌감치 이단아의 휘파람을 불고 다녔다

나는 다락방에서 모파상의 「여자의 일생」을 훌쩍거리며 읽다가
어느 날은,

베토벤 〈운명〉의 포로가 되어서
스스로 올가미를 묶었다가 풀고 하면서
나르시스트와 페미니스트의 어디쯤에서 해방이 되었다

애시당초, 우리 사각형의 관계는 아무도 빗어낼 수 없는
가족이란 이름으로
조각상을 예정한 조물주의 섭리일지도 모르겠다.

*가족조각 : 사티어의 심리학 용어로 가족관계에서 역할행동이나 의사소통을 조각상으로 표현하는 가족치료기법의 전략이다.

그녀의 분홍 실루엣

오늘은
거울 속으로 자꾸 돌아가고 싶은 날입니다

때 묻은 손수건으로 흐릿한 안경알을 닦고 들여다 보는
거울 속에 당신이 희끗한 서릿발로 서 계십니다
그런데 어인 일인지요
외할머니와 당신과 내가
한 몸처럼 만져질 듯 실루엣이 짙어집니다

애초 한 마리 공작새로 태어난 당신이었건만
포승줄에 묶이어 연자방아를 돌려야 하는 노비처럼 살았습니다

30년 전,
죽도록 사랑받지 못했던 당신에게 분홍색 내의를 처음 사드렸던 그 때는
당신께서 하마 바람의 여자라도 되어서
세상의 말뚝이란 말뚝은 모조리 뽑아버리라고
애걸했더랬습니다

그리하였건만
오늘 천하여장부 당신의 딸이
딱 한번 밖에 입지 못한 당신의 그 분홍색 내의를 입고
거울 속 당신의 쓸쓸했던 젖가슴에 흠뻑 분홍의 시간을

돌려드리고 싶습니다
바라오기는,
내 허기진 가슴팍 위로 드러난 당신의 온전한 지문을 지우지 않고 살기 위하여
세세토록 당신께 물려받은 분홍색 내의를 입겠습니다

당신도 오랜만에 장롱 깊숙이 싸두었던 분홍내의를 꺼내 입고
거울 속에서 초연히 웃고 계십니다.

수국꽃 빈 둥지

세상에나, 빈 둥지에 수국꽃으로 오시다니요
그날 밤, 당신의 삼종지도를 기억하는 달빛만
저 혼자 사모곡을 부르고 있었지요

당신이 떠나고 20년,
땡감나무 아래 장독대는
가끔 마른기침을 하는 고양이들만
당신의 박꽃그늘이 그립다 하였지요

어머니
오늘은 당신이 새벽이슬로 바치던
여명의 제단 위에 촛불을 피울까요.
오늘따라 수국꽃은 그 촛불의 눈물로
옷고름을 적시겠네요

어머니
수국꽃이 저리 풍만한 젖가슴으로
저희를 보듬어줄 줄 알았다면
그깟 세상의 회초리 따위는
쓰디쓴 보약처럼 질끈 눈감을 걸 그랬어요

철부지 저희는 곳간 열쇠도 잃어버리고
씨간장 항아리도 깨뜨렸고,
헛간에서 누워 지내던 당신의 지팡이도

가뭇없이 쫓아내고 말았어요

어머니 그나저나,
핫핫한 수국꽃으로 돌아온다는
새끼손가락 걸기나 했던가요?
오늘은 수국꽃 빈 둥지가 저리 함박웃음을 피우니
집 떠난 텃새와 까치들 돌아오거나,
고양이들 지 새끼 데려와
항아리 사이로 숨바꼭질하거든

부디 당신은 달빛 항아리 같은
시린 맨발로 오시어도 좋아요

빈 둥지 장독대엔
밤새워 모닥불을 피워놓겠어요. 어머니!

무덤 앞에서

지옥 같은 세상에서
쥐도 새도 모르게 내가 죽고 싶다고 했을 때,

나는 너 없이는 절대 못산다!
너 때문에 사는데! 너 때문에!
그럼 더 살아보겠다는 나를 부둥켜안고
울고불고 했잖아요

그리고 세월이 흘러
하루빨리 천국에 가고 싶다고
그만 당신이 죽고 싶다고 했을 때
나도 당신 때문에 살아요!
나 혼자는 못 살아요!

당신이 죽으면 나도 죽겠다고
여기가 지옥인들 천국처럼 잘 살자고
울고불고 맹세했잖아요

그 땐 정말 그랬었습니다.
밤마다 베개를 적시며 당신을 생각하다 잠이 들었고
어쩌다 불길한 꿈을 깨고 나면 방정맞은 망상을 떨칠 수 없어
단숨에 전화 다이알을 돌렸었지요

그 땐 정말 그럴 줄 알았습니다
당신과 나는 한 몸인 줄 알았습니다
우린 그렇게 사랑했습니다

당신 떠나고 10년
나 혼자도 이렇게 잘 살 줄도 모르고

고백하건대
그 땐 정말 그럴 줄 알았습니다
대신, 다시는 그런 사랑하지 못하여 죽은 듯이 견디고 있습니다
또한 그 때, 참말이 결코 거짓말은 아니었으나 뉘우치며 뉘우칩니다.

추신 : 부디 용서하시기 바랍니다.

문득, 모항에서

생채기도 아닌
비늘도 아닌 것이
파도의 껍질을 파고드는 속울음 앞에서

눈 먼 갈매기 저만치
잃어버린 날개 한 쪽, 찾지 못하여
제 몸을 때린 흔적 지우는 것을
뒤돌아서 보고 말았습니다

늦은 사랑이 아파서
수평선 이마의 주름과 눈가에 검은 그늘
우리가 지나 온 물결마다
더듬어 보는데

갈림길에 놓친 손, 그 애련한
기다림에 묶인 그대
귀향하는 밀물을 어쩔 수 없이
따라오는 노을의 머뭇거림 앞에서

아픈 기억으로 떠오르지 않아도 좋을
물보라의 흉터들, 끝내
썰물의 품으로 돌아가는
저토록 기우는 한 쪽 날개

오늘 문득, 모항에 앉아

자꾸 뒷걸음치는 파도에게 묻습니다

오래 늦은 사랑은
눈 먼 잘못으로 다가서지도 못하는 밀물과
까마득히 멀어지는 썰물 가운데 무엇입니까.

귓속말

입술과 입술을 포개었을 때
하나가 된다는 것 쯤,
누가 모를까

옆모습과 옆모습이
분리된 반쪽이 아니라
원래는 하나였다는 것쯤도,
누가 모를가

그러나 귓속말을 하는 사람들은
애써 은밀한 비밀과 애써 달콤한 거짓말로
서로에게 끝내 뒷모습을 보여주지 않는다는 것은
아무도 모를 거야

왜냐면
적나라한 입김과 살 냄새 풍기는 숨결로
맥없는 겨드랑이를 지나
귓바퀴에 간지럼을 태우는
귓속말이야 말로

비로소 사랑은 방정식이나 변증법이나
이율배반이 아니라는 것을 증명하는 것이지

나의 사람아

벌써 귀가 어두워지는 우리도
귓속말로만 사랑하자.

우리는 모닝커피를 마시며 똥 이야기를 한다

장애 아이들이 "엄마"라고 부르는 우리들은
오늘도 모닝커피를 마시며 똥 이야기를 한다

어떤 순례자가 에덴의 천국에서 가져온 향수라고 해도
이 보다 오감을 매혹시킬 수는 없을테니까

우리는
똥 · 덩 · 어 · 리 하나로
아이의 쾌감지수와 불쾌지수를 비교한다.
때로는 생과 사의 신호등처럼 깜빡거리는 그것을
우리는 사랑한다

하필 똥구멍까지도 애절했던 아이를 사랑한 적이 있다

배설의 축복마저 물려받지 못한 그 아이의 똥구멍 속에
내 검지를 깊숙이 넣고 똥 덩어리를 꺼낸 준 날은
어떤 성녀의 기도보다 더 깨끗한 눈물을 흘렸다

누가 걸핏하면,
머릿속에 똥만 가득 찬 것들이라고
신성한 하늘에다 삿대질을 하는가

누구는 함부로 "똥 · 덩 · 어 · 리"라고
고상한 입술을 짓이기며 비아냥거리는가

우리는 오늘도 똥 이야기를 하면서
모닝커피를 마신다.

하모니카 부는 그 여자

달빛이 옷을 벗는 밤이면
그 여자는
하모니카를 분다

그 여자가 새의 부리처럼 입술을 내밀어서
하모니카를 불면 그 소리는 정처 없이 떠도는
새의 울음으로 들린다

그 여자가 한 달에 한 번씩
〈다문화센타〉에서
고향의 봄을 하모니카로 불 때마다,
그 멜로디는 그 여자의 단칸방에 세 들어 사는
푸른 곰팡이가
햇볕을 갈망하는 소리로 들렸다

그 여자가 하모니카를 부는 밤이면
달빛이 도둑고양이 한 마리 데리고
반 지하 방범창을 열어달라고
열어 달라고 울부짖는다고 했다

그럴 때마다 나는
그녀가 남편 몰래 고국의 병든 홀아버지에게
보내주는 십 만원이 떠오르고
내 마음은

지하실에 갇힌 고양이처럼 절박해진다

그녀가 하모니카를 불지 않는 어느 날,
그녀가 좋아하는 달빛이 벗어놓은 옷을 걸치고
그녀를 찾아갔다

바퀴벌레들이 맨발로 마중 나온 동굴 속에서
하모니카가 저 혼자, 저 혼자 울고 있었다.

아들의 방

어스름한 무위의 공간
유폐된 창문 틈으로 모니터의 풍경을 엿본다
뒷모습으로만 응답하는
영혼 없는 그림자가 보초를 서고 있다

IT 사이버 사생아로 태어난 젖값은
자유주의 보상기간을 갱신하고도
붉은 딱지로 도배된 아들의 방
너의 눈은 위태로운 점멸등처럼 깜박거리고
너의 혀는 청춘의 황금사과를 베어 먹고 있구나

저만치
검은 조랑말에 외로운 소년을 태운 구름의 유령이거나,
밤과 낮과 구덩이를 분간 할 수 없는 신기루이거나
알을 깨고 허물을 벗은 청춘을 위하여 기다리는
삼라만상이 저기 손짓하는데

누가 보냈는지
암막커튼 사이로 용케 비집고 들어 온 고양이가
벽속에 갇혀 잠든 너를 깨우느라 발톱이 빠져
울고 있구나.

아는가, 청춘의 덫이여.

이제는 아담을 만나고 싶다

태초의 모든 언어는 아담이 지었다

나 오늘 밤 발가벗고 그대에게 가리

태초의 언어 중 가장 아름다운 한 마디
그대를 사랑한다는 말,
하이데거가 지은 언어의 집에서 복화술을 배우며
옹알이하다 미쳐서 죽을 때까지

말의 부스러기로 만든 뗏목을 밀고
언어의 집,
그 아롱지는 광휘의 은하수로 가리

아니, 아니, 그 전에
이 지상을 태운 돌개바람 때문에
가슴 속 소용돌이치는 불길일랑,
얼음을 깨문 혀로 핥으며
타락한 들개의 등을 타고 떠난 처녀성을 찾아서

나 오늘밤은 언어의 옷으로 지어입고
존재의 치부와 자존심,
마지막 그 곳만을 가리고
아담이 기다리는 에덴동산으로 가리.

김종 作, 「달 걸어둔 나무와 나무들」

4

눈물은 왜 짠가, …

눈물은 왜 짠가,
그날 나는 슬픔도 배불렀다
– 함민복

빈 집

유령들의 흐느낌을 훔쳐 먹은 고양이가
거식증에 걸려 토악질을 한다.

얼마 전, 옆 동네 지옥고*에서 이사 왔다는
발바리 해피는 아무래도 혼족*에게 버림을 받은 것 같다

둘은 이산가족처럼 엉키어서 서로의 눈물을 핥아준다

한 때의 사랑을 잃은 후,
무조건 반사로 터득한 몸짓언어로
문신처럼 새겨진 배신의 상처들을 애써 지우는 것이리라

아직은 잊을 수 없는 선홍빛 언어들처럼
짓무른 핏물이 뚝 뚝 떨어지는 꼬리들로
추억의 마침표를 찍어야 하겠지

마침내 빈 집에 방 한 칸,
깨진 유리창 틈으로 흘러온 햇살의 부스러기를
서로 목구멍 깊이 떠먹여주고 있다.

*지옥고 : 반지하, 옥탑방, 고시원의 첫 글자를 따서 부르는 말.
*혼족 : 주로 반지하, 옥탑방, 고시원에서 혼자 사는 세대의 준말. 최근 삼포세대들과 청춘들의 자화상을 반영하는 신조어

황홀한 적요(寂寥)

8월의 절정,
태양이 신음소리를 내자
사람들은 어디론가 뿔뿔이 달아났다

누구는 서울로 이방인을 만나러 갔고
누구는 상하이의 바벨탑에서
뭉크의 절규처럼 비명을 지르고
누구는 야릇한 노천탕에서도 사랑싸움을 하고
또 누구는 더 늦기 전에 파도타기를 배우러 갔고

내가 사는 텅 빈 도시의 뒷골목에는
고독한 은둔자들만 어슬렁거리고

나는 외로운 양치기 소녀처럼
별똥별의 귀향을 기다리며
허공과 하늘의 경계를 더듬다가

까마득한 누군가의 눈빛처럼
사라지는 별들의 발자국은
단지 카타르시스의 착각인가?

이렇게 영감의 순간을 기다리며
한여름 밤의 꿈 자락보다
황홀한 적요(寂寥)로 돌아왔다.

밥 한 번 먹자는 그 말

달작지근하고 권태로운 봄날

늦잠 혼곤히 자고
기름기 번질거리는 태양이
눈꼽을 떼고 있다

아침 연속극을 보며 모닝커피를 마시고 나온 여자들이
1인당 만 원짜리 런치 정식을 먹고 있다

그리고 그녀들의 신분을 증명하는 방언들이
어느 낯선 나라 휴양지인가 싶더니
샤넬, 구찌, 닥스… 애완견처럼 데리고 나온
명품가방 품평회를 하고 있다

그리고도 남아있는
포만의 미각을 음미하면서
만 원짜리 밥 한 번을 사지 않는다는
야속한 절친에 대하여
풍선껌처럼 질겅거리고 있다

우리, 언제 밥 한 번 먹자!
그 한마디를 하지 못한 죄로
'절친그룹'에서 왕따 당한 그녀

그녀는 오늘도 시름 시름 야위어 가는
마이너스 통장을 들여다보며
가려운 귓구멍을 파내고 있겠다.

풍찬노숙

초겨울, 시베리아 태생의 눈보라가 천지를 휘저어대는 저녁이다
야망의 시대를 누비고 다녔던 거품들이 서둘러 바다로 침잠한다
바람은 그새 광장을 건너와 이빨을 드러내고 으르렁거린다
폭풍의 계절이 온 것이다

늙은 나무들만 주섬주섬 짐 보따리를 챙긴다
한 때의 훈장이었던 날개옷은 전당포에 맡겼던가?
다만 마스크를 쓰는 것은 더는 토사구팽당할까 변장을 하는 것이다

여름에 집을 나와서 겨울외투가 없는 버즘나무(플라타나스)들은
이미 낮술에 취해 비틀거리고
마지막 잎새의 주인공처럼 담벼락 한 귀퉁이 차지하고 싶은
뻐대 있는 이파리들만 악다구니로 매달려있다
그래도 손바닥으로 이름만은 가린 채,

어쩌자고
겨울과 겨울 사이 긴 터널의 비상구를 모르는
당신들아

오늘밤도 어느 구멍으로 몸을 숨겨 하룻밤의 안녕을 구걸할 것인가
간헐적인 기침을 토하며 새우등을 하고 잠드는 당신의 붉은 눈자위를 보았다

밖에는 까닭 모르게 성난 진눈깨비가 가로수의 뒤통수를 때리고,
끙끙 앓는 신음소리

아직, 봄은 멀었다고 한다.

상상임신 하는 여자

그대와 나
기적의 쓴 약을 먹고 나란히 누워 잠을 자면
양수가 범람하여 붉은빛 지느러미 반짝거리는
물고기 한 마리 잉태할 수 있다면

오늘 밤 그대에게
신비의 씨앗 반쪽 씩 갖고 싶었어요
꼭 열 달동안만, 아니 석 달 열흘만이라도
내 뱃속에 뿌리고 싶었지요

우리가 신화의 주인공처럼
달빛을 마시고 별을 따주며
서로 밧줄로 묶어 천둥번개 치는 날도
사랑을 나눌 수 있다면

나는 다시 한 번, 둥지에 올라가
따뜻한 알을 낳겠어요
하늘 문을 열고 천사가
핏덩이 하나 심어줄 때까지
사랑과 영혼이 꿈틀거리는
기적의 첫 열매를 기다릴거예요

오늘 밤도 나는 꿈 속에서라도
배가 불러오고 헛구역질을 하고 싶어서

꽃무늬 흐드러진 임부복을 입고 잘 거예요

사랑하는 그대여
나는 울다가 잠이 드는 날에도
홀로 만삭의 배를 쓰다듬는 꿈을 꿀 거예요
죽도록.

여섯 개의 불편한 진실

-어느 박카스 아줌마에게

불편한 진실, 하나

쓸쓸한 교미를 탐닉하는 수컷들의 녹슨 못을 아느냐고 물었어요
짐승들의 마스터베이션에 기름을 붓기 위하여
뒤를 허락하는 당신인 줄만 알았다고 했어요

변명도, 원망도 사치스러운 음부 속에 감추었지만 이미
치마끈은 풀어져 당신은 속수무책으로 돌팔매질을 당한다 했던가요?
그래서 어느 날은 사마리아 여인*이 부럽다고 했던가요?

불편한 진실, 둘

문득, 당신에게
기억의 미로를 떠돌고 있는 생애 처음 섹스와 마지막 섹스에 대한
이야기를 털어 놓고 싶었지요.
당신은 덜컹거리는 침대와 맥주와 와인의 이름을 아는 척했던 그 때가
기억나지 않는다고 했어요
당신은 나도 추억이 있다고 킥킥거렸어요
아니 그리고 담배가 떨어졌다고 울었어요

당신은 막걸리를 들이켜고 나는 아직 믹스커피를 마셨어요

불편한 진실, 셋

어느 날은 꾸역꾸역 삼킨 찬 밥 한 덩어리에
익명의 남자들이 흘린 한 모금의 동정을 참기름처럼 비비면
목구멍이 뜨겁게 살아나서 아랫목에 눕는다 했지요
나는 애당초 사랑의 미학에서 생존의 열쇠구멍을 찾았어요
그러다 영영 돌아 갈 수 없는 은밀한 생의 에움길로 여행을 떠났지요
그리고 지금은 뒷마당에서 혼자 그네를 타고 있다고 했어요

불편한 진실, 넷

당신은 아직도 꽃무늬 팬티를 입는다고 했던가요?
가난한 사내들에게는 꽃씨 같은 희망을 주어야 한다고 내가 말했어요
그러자 당신은 다가오는 봄에는 노랑 병아리를 함께 키웠었다는

키다리 아저씨의 무덤가에 해바라기를 심어주고 싶다고

했지요
나는 그 때 "내 무덤 주위에는 해바라기를 심어 달라"* 했던
어느 시인에 대하여 얘기해 주었어요.
그리고 해바라기는 보리밭이며 태양이며 종달새라고 가르쳐 주었어요
당신은 해바라기처럼 사랑하고 꿈꾸고 싶다고 했어요
모처럼 당신은 소녀처럼 웃었어요

불편한 진실, 다섯

당신은 내일도 모레도 글피도
꽃을 모르는 이름 없는 남자들을 위하여 꽃무늬 팬티를 입는다고 했어요
나는 꽃 이름을 가르쳐주고 싶은, 내 곁에 하나 뿐인 남자를 위하여
꽃무늬 팬티를 입고 싶다고 했어요

불편한 진실, 여섯

그리고 당신은 여태 박카스를 마시지 않았다고 했어요
나는 까닭도 모르고 자주 박카스를 마셨다고 했어요.

*사마리아 여인 : 성경 속의 여인으로 남편이 다섯이나 있었으나 과부가 되었거나 성매매를 하는 여인으로서 남몰래 우물에 물을 긷다가 예수를 만나 처지를 고백한다.

*함형수 시인의 시 :「해바라기의 碑銘」에서.

이웃집 여인

-어느 목욕관리사에게

처음에 나는 떨었다
겹겹이 껴입은 허위의 껍질을 벗고 누웠다
한 오라기의 그림자도 걸치지 말라는
그녀 방식의 근원을 공유하기로 했다
다행한 것은 나르시스의 본질을 위한 예의에 대하여
얼핏 생각하면서 그녀의 실루엣을 훔치고 눈을 감았다

그녀는 천천히 나를 정복해갔다
나는 엎드린 채로 오래 굴복해야만 했다
내 자궁 속 원초적 비극과 사타구니 사이의 깊숙한 골짜기에서
한 번도 탯줄 너머 환희의 비명을 들어본 적이 없는
배꼽의 에필로그를 그녀에게 누설할 수는 없었기에

그녀의 손가락에서 물방울이 춤을 추는 것을 보았다
그래, 한 때는 열손가락마다 핏방울 같은 것이 뚝뚝 떨어졌으리라
왜냐면, 누구나 열 개의 손가락으로 마법의 행위를 하지는 않으니까
또는 파도의 물보라 같은 손바닥으로 뭉클한 애무를 할 수는 없을테니까
나는 막 환영의 안개를 헤치고 나온 정결한 비너스로 태어났으므로

그녀는 부드러운 혀처럼
비누거품에 몇 방울의 온유와 묘약을 섞었으며
나의 치부와 상처들까지도 오르가즘의 눈물로 씻어주는
행위예술가였다

알고 보니
그녀는 이웃집 여인이었다.

뻥튀기 아저씨에게도 예의가 필요하다

양동시장 귀퉁이,
담벼락 아래에 뻥튀기가 모닥불을 피우고 있다
세월의 돌부리에 무릎을 다친 사람들이 절름거리며
모여든다

정신이 오락가락한다고 소문이 난 뻥튀기아저씨가
웬일인지, 오늘은 산업의 역군 작업복 대신
말쑥한 양복으로 차려입고 나왔으나
아무도 호들갑스럽게 찬사를 보내거나 묻지 않는다

그들이 알고 있는 건
그가 왕년엔 그럭저럭 큰 회사에서
어쩌다 노조원이 되었는데, 데모하다 모가지를 짤리고,
부모의 찬란한 유산 제1호인
뻥튀기로 인생 후반전을 시작했다는 것 뿐
그의 엄숙한 노동의 현장에서
저마다 한숨에 질질 새는 검정 비닐봉투를 풀어 놓는다

막, 허기진 뻥튀기의 아가리로 던져진 한 줌의 옥수수가
미망의 불꽃으로 부풀어 오르고 있는데

저기, 호루라기와 진압봉으로 활개를 치며 경찰이
쫓아 온다
아저씨는 너덜거리는 빵모자를 벗고 양복 단추를 잠근다

경찰은 아저씨 어깨에서 빛나는 훈장을 보고 기가 죽었을까
아니면 그 역시 예측할 수 없는 불행의 보편성에 악수를 하고 싶었을까

그 때, 뻥튀기에서 '포도의 눈물'같은 튀밥들이
우우, 황사바람 속으로 날아간다

하찮은 곡식들이 온축의 의식을 치루는 동안
경찰과 손님들은 짧은 기다림의 생에게 목례를 한다.

가을에게

나는 참, 오래
가을을 데리고 살았다

빗줄기가 우산 속으로
뛰어 들어오자
혼자 쓸쓸했던 우편함처럼 울컥한다

그럴수록
하늘이 어둠을 껴입는 일이나
어둠이 슬픔을 껴입는 일이나

도리 없이 고질병 같은
가을의 매너리즘이다

그래도 나는 안다
여름날의 붉은 노을을 선망했던
가을의 은밀한 기도를…
하여 그 기도는
슬픔의 생인손을 모른다는 어둠일지라도
어둠 역시 손 끝으로 닿는 통증을 느끼고서야
비로소 터트리는 울음 같은 것이지

어쩌면 오래 전부터 어둠과 슬픔은 각각 제 방식대로
구름을 위로하며 살았을 지도 모르는 일이므로

나는
어둠에게도,
슬픔에게도
붉은 노을빛으로 물들어가는 가을에게도
연민의 겉옷 하나 더 입혀 주고 싶다
그러고 보니, 나는 참 오래 가을을 데리고 살았다.

양파에 대하여

양파를 까면서 생각한다
양파가 열망의 덩어리였으면 좋겠다고

양파를 까면 눈물이 난다

시린 억새꽃 바람이 불어오는 날,
자꾸 눈물이 나서
뒷골목에서 굴러다니는 깡통 같은 욕망이라도
주렁주렁 매달고 달아나고 싶었던 반항 때문에
오늘도 눈물샘은 새파랗게 용서를 빌어야 하는 것이다

또한 케케묵은 열망이란 없다는 것도
양파 속에서 흘러나온 최루성 액체 때문에 알았다
벗겨지는가 싶으면, 어느새 또 다른 껍질이 나타날 때
비로소 양파는 욕망의 원형질을 보여주니까
그것은 생리적인 리비도*의 껍질은 아닐 것이다

양파를 까면서 세어보기로 한다
양파의 껍질 사이와 손바닥 손금 사이에
감추어진 열망의 두께와 욕망의 껍질을 낱낱이 세어본다
헛된 것들이 미끄러질수록, 두께와 껍질 사이
눈물샘의 주름도 늘어가고 있다
구차한 목숨처럼 어쩌지 못하는 비애의 본질
양파를 까면 눈물이 나는 까닭인 것이다.

*리비도 : 프로이트는 리비도가 모든 인간의 행동에 동기를 부여하는 기본적인 힘이라고 주장했다. 리비도라고 하면 보통은 성적인 본능이라고 해석되기 쉽지만 실제로는 외부의 감각적인의 모든 면을 가르키는 용어이다. 본능적인 에너지의 표출을 통해 욕망을 승화하는 것이다.

벚꽃나무 인증 샷

벚꽃나무 사이로 숨바꼭질하는 연인들
가만 보니,
꽃과 나비가 아니다

다만, 인증 샷으로만 존재하는 신인류
저들은 하나같이 미디어 왕국 '우리 결혼했어요'의
대역 같거나 오디션 프로그램의 주인공들 같다

알콩달콩, 간질간질한 가짜 신혼부부를
전 국민에게 생방송으로 중계하는
〈투르먼 쇼〉*의 아바타 같은 저들을 보라

셀카봉에 놀란 벌떼들이 한꺼번에 벼랑 아래로 추락한다
저들의 은밀한 속삭임은 셀카 속에서만 연출되는
신호음일 뿐이다
더러는 두근두근 서로의 심장소리를 들킬까봐
애써 이어폰 귀마개까지 했다

이윽고,
인증 샷에 놀란 태양이 뒷걸음치는 사이로
으슥한 나무 등걸에 숨은 연인들
끝내는 여우와 늑대의 교미만큼이나 퇴폐적인
세기말의 에로스를 흉내 내기도 한다

벚꽃나무 아래,
하룻밤 사랑처럼 수북이 쌓이는 꽃비
벚꽃그늘에 취한 노을이
저들을 셀카의 유토피아로 끌고 간다.

*트루먼 쇼 : 드라마 세트장에 꾸며진 공간에서 주인공의 일상을 관찰 카메라를 통해 전국에 TV로 중계하는 리얼다큐 프로그램이 소재인 영화제목(운천호수 벚꽃축제에서)

마륵동, 좀머씨*

그에게도 한 때는 화무십일홍시절이 있었으랴 마는
어느 날 그는 바짓가랑이에 너덜너덜한 옛 그림자를 질질 끌고 다니면서,
어디로 가는지도 모른다면서……
옹알이인지, 외마디인지, 비탄인지
"날 이대로 그냥 두시오"라고 중얼거리기만 하는 것이었다

옛날, 옛적에는 집집마다 말구레가 있었던 마륵동이었다는데,
2년 전에 악어이빨 같은 탱크가 쳐들어오더니 하루아침에
난지도 쑥대밭처럼 둔갑했을 때부터라고 하는데

그는 오늘도 바벨탑 군락지 같은 아파트 공사장을 빙빙 돌면서
스스로 언어를 빼앗긴 자의 독백으로 좀머씨의 유령노릇을 하고 있다

어쩌면 며칠 밤을 자고나면,
'마륵동 좀머씨'가 살았던 마륵동 옛 동네 우물가 자리에는
유럽식 중앙광장이 들어서고, 대리석 분수대 물줄기가
이무기 꼬리를 달고 승천하는 기념식을 거행할 테지만

사실 그 분수대 자리는 원래 도깨비도 모른다는 봉인된 유언을 묻어둔 우물이 있었다

그 '좀머씨'도 술독에 빠져 살았던 아버지가 그 우물에 빠져 죽었다는 흉흉한 과거사가 그의 영혼을 저리 미치게 했다니

혹시나 저러다 '마륵동 좀머씨'도 자기 동네에서 추방당한 제비새끼들을 데리고
어린 날 썰매타고 놀았던 운천저수지 가장 깊은 속으로 걸어 들어가지나 않을까
잘못 지은 이름의 계시처럼 혼령을 따라서 영영 숨어버리면 어쩌나

그의 상한 영혼을 위하여 마륵동은 기념비 하나 세우지도 않을 것이 분명하고.
어쩌나, 오늘도 마륵동 '좀머씨'는 맨발이다.

*좀머씨 : 파트리크 쥐스킨트 단편소설『좀머씨 이야기』의 주인공. 전쟁후유증 환자로서 빈 가방을 짊어지고, 이상하게 생긴 지팡이를 들고 유령처럼 이 마을, 저 마을을 걸어 다니며 "날 이대로 놔두시오" 라고 중얼거리기만 하는 좀머씨 이야기이다. 좀머씨라는 이름의 뜻은 '망상'혹은 '한 여름의 꿈'이다. 모든 의미를 상실하고 목적지 없이 방황하는 현대인을 상징하는 이름이다.

며느리밑씻개 풀

-솜털살갗꽃

그냥, 너는 이름도 없는
시골원두막 아래 들꽃이었는지도 몰라
촘촘한 가시로 온 몸을 쌓고 있으나
누구를 찌른 적이 없는 민초였다고 했어

그러한 너는 왜 의붓자식의 밑씻개가 되었는지
아니라면 어떻게 며느리 밑씻개가 되었는지

어느 '게다짝'이 너를
'마마코노 시리누구이'라고 불렀느냐

단군의 하늘아래 어처구니 태생들아

속울음은 칫간*에서 삼키고 맨몸뚱이 제 몸
지키려고 오뉴월 서릿발보다
조금 덜 아픈 가시로나 무장해야 했는가

꽃이여
더는 웅크리지 마라

이제 저 훈풍 한 자락 불러들여
후덕한 가슴팍 보드라운 숨결로 실컷 안아 주마

이제 네 이름은 '며느리밑씻개'가 아니니라
누구를 찌른 적이 없다는 너의 가시가
자꾸 보니 솜털도 같고 살갗도 같아서
〈솜털살갗 꽃〉이라고 불러주마.

*마마코노 시리누구이 : 마마코노는 의붓자식이란 뜻이고 시리누구이는 볼일 본 뒤의 밑씻개다. 그런데 하필 왜 며느리로 옮겼을까. 불쌍했던 한국의 며느리들이었다.

*칫간 : 화장실을 의미하는 전라도 사투리

망토를 입은 소녀

– 밀레의 〈양치는 소녀와 양떼〉

애초에 나도
철조망 틈에서 태어났다
음지도 아니고 양지도 아닌 그 곳에서
해바라기와 달맞이꽃을 가꾸며 살았으나

찬비를 맞고 오슬오슬 떨며 어마무시한 감시망을 돌아서
양떼를 몰고 오는 소녀를 기다려야 한다

검은 털이 도깨비 불빛처럼 반짝 거리는
늑대개가 수시로 출몰한다는 동네에서 도망쳐온
소녀는
신발이 벗겨지고 실어증에 걸려 울지도 못했다

수상한 소문이 돌 때마다 나는 지팡이로 인기척을 내며
소녀가 돌아오는 철조망을 건너서 마중나가야 한다

나도 수레를 끌다가 가시 박힌 장화를 벗어놓고
첨벙첨벙 흑암의 안개 속을 헤치고 오는
소녀의 헐벗은 망토를 벗겨주어야 하니까

소녀가 나직한 노을을 어머니처럼 업고
어린 양떼들에게 일일이 입을 맞추는
풀꽃 무성한 초원으로 돌아가는 날까지.

별 다방 아가씨들은 어디로 갔을까

저 쪽에 커피자판기가 어두운 밤바다를 비추는 등대처럼 서있네
이쪽은 거리의 여자처럼 립스틱을 짙게 바르고 네거리에 서있네

처음 신은 듯 미끈한 구두를 신은 청년이
그녀의 아랫도리를 툭툭 건드리며
시비를 걸다가 마침내 독한 취기를 게워내고 있네

그녀가 왕년엔 별 다방에서 제법 얼굴값을 했다는 소문만 아니라면
'엔젤'이니 '몽키'이니, 무슨 콘돔이름 같은 커피점 파라솔 아래
휴지처럼 나뒹구는 담배꽁초를 집을 뻔도 했다네

별 다방 커피는 화장품냄새가 나다, 껌 냄새가 나서
오히려 속이 껄껄한 소화불량증에
특효약이라던 바지사장들은
신도시 커피전문점을 접수했다는 뜬소문이 도는데

오토바이를 탈 때마다 보스 등짝에서 풍선껌을 나불거리고
겨울 무 같은 다리를 촐랑거리던 토끼 같은
별 다방 아가씨들은 모두 별나라에 갔을까.

인어새끼로나 돌아오렴

-Faure 포레의 Elegy엘레지를 들으며

분명코 환청이 아니다
어떤 음악을 들어도 귓바퀴 속에서
너희들의 흐느낌이 휘돌아간다
슬픔의 안개로 자욱한 허공에 '엘레지'가 흐른다

가슴을 예리하게 찌르는 현악기의 활을 타고
그만 잊자고, 바다의 무덤 속으로 묻어버리자고

아무렇지 않은 듯 웃고 있는 꽃들아!
으스러지도록 꽃잎을 쥐어짜면
너희들의 핏방울이 뚝뚝 떨어질지도 몰라,

아가들아, 차라리 돌아오지 마
너희들이 떠난 뒤,
여기 이 세상은 기억상실증 어른들이 이상한 왕국을 짓고 있단다

저기,
아직 우리가 날려 보낸 노랑나비 한 마리도
날개를 펴지 못하고 있는데, 목 쉰 아우성으로 잦아드는 팽목바다
뱅골계곡에서 영원히 헤엄치지 못하는 물고기로 숨어 있다가

만약, 어느 날
온 우주의 별똥별들이 거꾸로 선 채로
바다 속으로 쏟아져 내린다면

그 날, 아가들아
노란리본이 손짓하는 진도하늘의 서광을 뚫고
단숨에 솟구치듯 튀어 오르는 전설의 인어새끼로나 돌아
오렴

아가들아
망각이 녹슬지 않는 저 세월호의 밑바닥을
담쟁이처럼 기어올라서 인어새끼로나 돌아오렴.

"언어의 집"에 사는 "사랑하는 타인들"
– 김효비야 시집 『상상임신 하는 여자』를 중심으로

김 종
(시인, 화가)

"이 봄에 와서야, … 비로소 아름다운 풍경이 될 수 있겠다는 것을 깨달았다"고 말하는 김효비야 시인…. 그는 "비극의 한 가운데로 투신하는 몽상에 전율하기도" 하며 또 다시 꿈꿀 자유의 시간을 얻고자 '긴 겨울'의 기다림으로 시를 써왔다. 겨울은 시를 쓰기 위한 아랫목 덥히기의 군불때기가 안성맞춤인 계절이다. 그 계절을 이어 시인은 드디어 "비로소 아름다운 풍경이 될…" 봄을 맞는다. 독자인 우리도 김효비아의 시 읽기라는 봄의 절기에 도달한다. 그리 보면 김효비야 시인의 겨울은 자신의 시적 숙성을 위한 동굴 같은 암중모색의 시간으로 보인다. 겨울에서 깨어나 기지개를 켜는 시간에는 꽃샘추위를 따라 시나브로 떠다니는 눈송이들의 유영을 보러 하롱하롱한 불빛처럼 깜빡이다가 금세 "이마의 신열 따위는 달콤한 고통쯤으로 여긴"다는 고백을 우리는 듣게 된다. 이제 꽃샘추위까지 달콤한 고통으로 이겨낸 그의 봄을 따라가 보기로 한다.

'꿈꿀 자유'의 시간을 얻고자 기다린 동면의 시간들

시 쓰는 일이 시인의 '달콤한 고통쯤'이라! 문학에서 이처럼 '달콤한'이라는 형용사적 수식어가 빠지면 그 다음의 고통은 읽어낼 수가 없고 작품 창작은 물론이고 창작된 작품마저도 미미할 수밖에 없다. 산모의 출산에도 그 출산의 고통을 상쇄시킬만한 쾌락을 담았듯이 '이마의 신열'을 각오하면서도 덤비는 일이 문학이라면 그만큼의 '달콤한 고통'이 따름에야…. 필자 또한 이마에 신열을 각오하고 덤빈 독서이니 김효비야 시인의 달콤한 창작적 고통은 읽어가면서 드러날 터이고 그가 요량한 시창작의 대장정에서 얼마만큼의 언어적 운신을 헤쳐 나가야 비로소 한 사람의 시인에 도달하게 되는 지를 면밀히 살펴보겠다.

김효비야 시인은 지금 보기에도 앳되고 고운 모습이다. 그런데도 갑자(甲子)가 한 바퀴라니 새삼 세월의 무상(無常)을 읽는다. 시인의 열정은 여전한 삼사십 대의 청춘이어서 늦깎이의 문단이건만 날밤 새워 작품을 쓰고 시낭송을 무대에 올리는 등 활동의 품새가 장히 젊고 열정적이다. 필자는 오랜 세월 좋은 작품만이 문제일 뿐 늦깎이가 낯설지 않는 동네가 문단임을 되풀이 얘기해 왔다. 어쩌면 재기발랄한 청년시절보다는 언어적 체험이 숙성된 연치에 창작한 작품이 울림이 크고 언어적 여운 또한 강물처럼 깊어지는 것을 늘상 보아온 터이다. 그리고 문단이라는 동네는 연치의 두께보다는 당장의 성과가 얼마나 볼만하느냐에 그 가치가 우선하다는 점에서 문학의 지향성은 여타 세계와는 차이 난 특징을 보인다.

토마스 울만은 "청춘은 인생의 어떤 시기가 아니라 어떤 마음가짐을 뜻"하며 "젊어있는 한, 예순이건, 열다섯이건/모든 인간의 가슴 속에는 경이로움에의 동경과//아이처럼 왕성한 미래에의 탐구심과 인생이라는 게임에 대한 즐거움이 있는 법"이라 하였다. 그렇다면 김효비야 시인의 시 창작은 그의 자연연치에 무관하게 인간세상을 향하여 펄럭이는 깃발처럼 또 한 사람의 키 큰 청년 시인을 보는 일이라 할 수 있을 것이다.

그래서 그랬을까, 김 시인의 연보를 접하기 전에는 사오십 몇 살쯤의 외양과 추진력으로 뗏목처럼 시의 물길을 밀고가나 보다 싶었다. 제대로만 활동을 펼칠 수 있다면 나이의 늦고 빠름이 무슨 소용인가. 한국문단의 일반화한 현상 중에는 등단작이 곧 출세작 내지는 대표작이 되고 그 이후는 별무소득으로 퇴장하는 그간의 문단적 현상에 비해 김효비야 시인은 등단은 늦었지만 오히려 볼만한 일이 될 수 있을 듯하고 그가 실생활에서 보인 시 창작 내지는 시낭송의 분야에서 수목처럼 숲 짓는 모습이 여간 늘품이 있고 오래 지켜볼 수 있을 듯싶다.

김효비야 시인이 이번 시집의 출판에 오기까지만 해도 그렇다. 필자가 김효비야 시인을 만난 것이 불과하면 2,3년일 것 같은데 곁에서 지켜본 나의 생각은 하루가 다르게 괄목상대한 모습이었고 어느 사이에 "어, 대단한데…" 하는 맘으로 바뀌기에 이르렀다. 지금도 김효비야 시인의 시적 변화는 그 괄목상대를 이어가는 중이어서 이대로만 가면 주목하기에 충분한 한 사람의 시인으로 성장하겠다는 예감과 지금까지의 성과만도 상당하다는 점에서 우리의 독서는 이에 값한다는 생각이다.

> 존재와 존재 사이
> 섬이 있었다
>
> 영혼과 영혼 사이
> 욕망을 태우고 떠난 난파선이 있었다

지구상에 떠도는 유성들은 바다 멀리 초록 불빛이 깜빡이는
개츠비의 섬을 선망하고 있었다
전설에 의하면
섬은 태양신을 섬긴 빙산이었다 한다

그러나 초록 불빛 때문에 섬이 뜨거워지기 시작했을 때

첫사랑을 닮은 노루새끼와
어린 꽃사슴이 달아났고
태양신은 빙산의 화석이 되었다

스스로 초록불빛에 눈이 멀어 죽었을 개츠비

개츠비, 그의 무덤에는
꿈마다 첫사랑이 등대처럼 깜빡거릴 것이고

아뿔싸
개츠비가 황금 모자를 쓰고
태양신의 아들로 돌아 올지라도

나는 기어이 검푸른 해류를 거슬러 올라
난파선에서 살아남은 데이지일 것이다.
-「개츠비와 데이지 – 영화 〈위대한 개츠비〉를 보고」 전문

철학이든 문학이든 존재를 담아내는 일은 용이한 일이 아니다. 영화 〈위대한 개츠비〉에 대한 독후감 성격의 시는 이렇게 읽힌다. 말인즉슨 한 사람 한 사람이 정부이고 우주이고 삼라만상의 중심이기 때문에 모든 존재는 지엄하다는 생각을 담아낸 것이다. 이처럼 의미가 중한 '존재'와 '존재'를 묶어내는 중간자의 자리에는 늘상 '섬'이 존재한다는 것이 김효비야 시인의 생명관이자 우주관인 듯하다.

그러면 '영혼'과 '영혼' 사이에는 무엇이 존재하는 걸까. 거기에는 바로 "욕망을 태우고 떠난 난파선"이 읽힌다. 그리고 이 자리에 출현한 '유성'은 이름부터가 우주공간을 전류가 지나듯 찰나적으로 흐르는 '떠돌이 별'이다. 유성은 대기권 안으로 들어와서 빛을 내고 우주공간을 전광석화처럼 떨어지는 작은 물체를 이르는 말이다. 그런데 물질로써의 유성을 얻으려한 데이지는 유성은 결국 죽음으로 마감한 헛된 꿈이라는 사실을 깨우치게 된다. 바로 그 유성들이 바다 멀리 초록 불빛으로 깜빡이며 낙하하는 개츠비의 섬을 선망할 때 비록 장면일망정 "섬은 태양신을 섬긴 빙산이었다"는 전설을 설정한다. 그러나 생명을 일으키는 "초록 불빛"이 섬에 닿자 섬은 이내 뜨거워지기 시작하였고 인간의 거처는 생명의 섬으로 바뀌면서 존재적 탈바꿈을 이루어간다.

섬은 태양신을 섬긴 빙산이었다

이들 광경이 펼치는 현장에서 겪어보지 못한 것들에 대한 기이한 변화로 첫사랑을 닮았거나 유아적 시간에 닿아 있던 '노루새끼'와 '꽃사슴'은 재빠르게 달아났고 '태양신' 마저 빙산의 화석으로 바뀐다는 시인의 생각은 장히 전설적 효과를 가미한 반어적 표현을 보인다. 이제 시인에게는 사건적 시간은 끝나고 상상을 통한 장면들을 펼치기에 이른다.

바로 그것이 "스스로 초록불빛에 눈이 멀어 죽었을" 개츠비의 무덤에는 "꿈마다 첫사랑이 등대처럼 깜빡거릴 것이" 라는 상상이다. 그러나 시인의 첫사랑처럼 산뜻하고 풋풋한 상상은 거기에서 끝나지 않는다. 일이 잘못되었거나 미처 생각지 못했던 것을 뉘우칠 때 나오는 즉흥적 감탄사인

'아뿔싸'란 말로 시인의 의도성을 대신한다. 말인즉 개츠비가 "황금 모자를 쓰고/태양신의 아들로 돌아 올지라도"는 장엄한 가정이다. 그리고 이 같은 가정은 "기어이 검푸른 해류를 거슬러 올라/난파선에서 살아남은 데이지*"일 것이라는 의지적인 마무리에 다다르고 이들 결말에 와서 시인은 내심 데이지로 환치된 자신을 보았을 것이다.

원작 속의 개츠비는 데이지에 대한 낭만적이고 헌신적인 사랑을 간직한 인물이다. 그는 자신이 목표한 데이지와의 사랑을 구하기 위해 수단 방법을 가리지 않는 현실적인 면모까지를 드러내는 자이며 그로 하여 결국엔 죽음을 맞이하고 반면에 데이지는 자신의 아우라처럼 부와 매력과 우아함을 한 몸에 지닌 젊고 매력적인 여성으로 뭇남성들의 선망의 대상이 된다. 실제로 그녀는 다분히 현실적이어서 개츠비와는 달리 사랑보다는 자신의 물질적인 욕망을 채울 세속성으로 부자인 탐과 결혼하는 등 개츠비의 꿈과 이상성과는 거리가 있는 인물이다.

이 두 인물을 상대 축으로 설정하고 그 사이에 '나'를 부려가며 창작된 이 작품은 점증된 상상의 세계를 종횡으로 부유한다. 원작은 1925년에 쓰였고 서정적인 문체와 기법, 그리고 주제 등이 출간 당시부터 유명한 작가 및 비평가들로부터 거의 완벽에 가깝다는 평가를 받았다. 그리고 이 작품에서 파생된 형용사인 '개츠비 같은'(Gatsbyesque)이라는 신조어가 생길 정도로 미국 문학을 논의할 때 빠지지 않고 거론되는 작품이 되었다. 또한 이 작품은 1920년 재즈시대의 '미국의 꿈'과 부와 사랑에 대한 문제를 당대 인간들의 모습을 통하여 예리하고 섬세하게 포착해낸 피츠제럴드의 대표작으로 이 작가를 미국은 물론 세계적인 명성에 올려놓은 출세작이기도 하다.

소설로도 영화로도 성공한 이 작품은 김효비야 시인의 새로운 시적 설정으로 한 편의 신화를 읽은 듯한 별난 느낌에 나아가 있다. 작품 속의 데이지는 시인 자신의 자기투영까지를 읽게 하는 일방 좀 더 들여다봐야할 '초록불빛'의 정체를 통해 시인의 존재론적 의문을 풀어가는 카타르시스한 면까지를 보여주고 있다.

나, 달팽이

언젠가 낙타의 등을 타고
고비로 가는 꿈을 꾸었다
사막의 웅덩이에서 빠져죽은 당나귀도 보았다
낙타는 당나귀에게 사막을 걷는 법을 가르쳐 준 적이 있었다
낙타에게도 트라우마가 있다면
실크로드의 낭떠러지에서 미끄러진 기억뿐이다
평생 아랫목에 누워 잠을 잔 적이 없는
낙타는 무릎을 꿇고 기도하지 않는다
오로지 모래폭풍을 통과하여 오아시스로 가는
지름길을 찾아내는 것만이
그나마 서러운 존재를 화인 찍을 것이다

어느 날, 낙타는
햇살에 멀미를 하면서도
신기루가 왜 허상인지를 맨발로 체험하고 싶은 달팽이를 만났다

모래꽃을 본 적이 없는 달팽이
대신 어린왕자와 사막여우와 어울리는 꿈을 꾸고 싶었다
달팽이는 눈 먼 세상을 더듬으며 바람의 언덕까지 혼자 올라갔다
그날 밤, 발길질하는 낙타의 발톱 위에서 언뜻 잠이 들었던가

그리고 눈물의 갑옷으로 지붕을 짓던 달팽이
별똥별 쏟아지는 사막에서 기적처럼 베푸는 소나기에
온 몸의 껍질을 벗는 꿈을 꾸었다
저기, 사막을 건너 피안의 저쪽,
오아시스로 가는 길이 어렴풋이 보이는 것 같았다

나, 달팽이,
낙타와 동행하고 있는 중이다.

-「달팽이와 낙타」 전문

대뜸, '나, 달팽이'하고 나서는 당돌한 시인의 어법부터가 심상찮다. "어린왕자와 사막여우와 어울리는 꿈을 꾸고 싶었다"는 '어린 왕자'의 체험적 사실을 이 시를 통해 읽는 셈이다. 그리 보면 펼쳐지는 작품의 전 과정이 달팽이와 낙타의 그리 대단한 여정이 아닐 수 없었다. 우선 달팽이가 낙타의 등에 올라탔다는 표현은 "도랑새우 말뚝에 올라"탄 만큼이나 두 번 다시 경험할 수 없는 일생일대의 상승과 진출을 의미한다.

아무리 미물인 달팽이라도 낙타를 탔다면 "고비로 가는 꿈" 쯤이야 충분히 실현 가능한 현실이 될 수 있을 것 같다. 인간들이 달나라 한번 다녀온 것쯤은 되겠다는 뜻에서 두루 대처 구경이 가능한 달팽이로 환골탈태한 셈이다. 낙타의 등에 오른 달팽이는 "사막의 웅덩이에서 빠져죽은 당나귀를 본" 적도 있고 시점을 이동하여 "당나귀에게 사막을 걷는 법을 가르쳐" 준 낙타라든가 평생을 아랫목은 고사하고 누워 잔적마저 없는 낙타의 유일무이한 트라우마가 "실크로드의 낭떠러지에서 미끄러진 기억뿐"이라는 사실 등등은 두루 이 작품이 세팅한 의도적인 장치라 할만하다. 그러면서 독자에게 제시한 낙타에겐 지름길을 찾아내는 지혜가 있다고 가르치면서 "모래폭풍을 통과하여 오아시스로 가"곤 했다는 것인데 이는 바로 독자의 뇌리를 스친 경험칙의 표현을 그리 보여준 것으로 읽힌다.

그 지난한 여정에서도 낙타는 "무릎을 꿇고 기도"한 적이 없다든지 "햇살에 멀미를 하면서도/신기루가 왜 허상인지를 맨발로 체험하고 싶어 하는 달팽이를 만"난다는 등의 표현은 교호적으로 등장시킨 두 개의 사물들이 이룬 신기한 체험들이라 할만하다. 마치나 세계 일주를 하던 비행사의 비행기가 사하라 사막 가운데에서 갑작스럽게 고장이 나 이를 고치던 비행사 앞에 나타난 어린왕자가 자신이 살았던 별나라를 이야기하는 경우와 비견될 수 있달까. 김효비야 시인의 시적 체험은 더 이어져서 "모래꽃을 본 적이 없는 달팽이/대신 어린왕자와 사막여우와 어울리는 꿈을 꾸고 싶었"다는 부분을 읽으면서 그 같은 일로 눈 먼 세상을 더듬거리며 바람의 언덕까지를 혼자서 올라간 달팽이의 여정이 그 어느 날 밤의 사건으로 이어지고 발길질하는 낙타의 발톱 위에서 언뜻 잠이 든 일까지를 연쇄적으로 보여주고 있다.

드디어 달팽이는 꿈꿀 수 있는 자리에 왔다. 그리고 풍찬노숙의 상징성이 뚜렷한 달팽이는 무릎 꿇고 기도한 적이 없는 낙타와 동일 세계에 도달한다. 이 시에서처럼 시작품에서 읽는 눈물은 대체적으로 시련의 상징인 경우가 많았다. 그래서 눈물의 갑옷으로 지붕을 짓던 달팽이는 바로 길들여진 적이 없는 상태의 달팽이에 다름 아니지만 "별똥별 쏟아지는 사막에서 기적처럼 베푸는 소나기"와의 해후는 갑작스러우면서도 다분히 반어적인 상황을 만든다. 그러면서 읽게 한 "온 몸의 껍질을 벗는 꿈"은 시련의 정점에서 찾아 헤맨 달팽이의 안정과 환골탈태를 이르는 말이 아니었을까. 그 자리에서 현실을 상징한 '사막'과 꿈의 세계를 의미하는 '피안의 저쪽' 일들은 비록 꿈속을 흐른 불분명한 시간일지라도 "오아시스로 가는" 종착지점의 길이며 낙원이었으리라.

달팽이와 낙타는 '느리다'는 공통성만 빼면 천양지차의 이질적인 접합이다. 그렇기에 이들의 일체화나 교호적인 진행은 충분히 대담한 개성으로 읽혔고 수준을 갖춘 안정된 이야기여서 여기에다 담아낸 좀 더 통 큰 언어구사나 장치가 눈여겨져 이것이 김효비야 시인의 시적 개성이나 장점이 될 것인가는 내심 지켜보기로 한다. 그러나 김효비야 시인에게서는 이미 언어 부리는 솜씨가 좀스럽지가 않다는 것과 대륙적 기질처럼 쭉쭉 뻗어나가는 속도감까지를 읽은 터여서 그의 작품을 독서하는 우리의 호기심은 그만큼 확대될 수밖에 없겠다는 생각이다.

하여튼 필자가 읽은 김효비야 시인의 시적 언어와 구조에는 드러난 특성으로 그런 게 있었음이다. 지금 자신의 시의 몸을 늘려가는 김효비야 시인의 언어적 품새는 그것들 모두가 하나의 신체험 같은 표현의 집합이어서 그가 구사한 언어의 우듬지에 오르는 삽상함이 한결 크다는 생각이다. 이 자리에서 단정 지어 집어내기는 이르지만 그가 열정적으로 덤빈 시의 길에서 그는 자신의 시의 개성을 종횡으로 구사하거나 맹렬히 발사하는 중이다.

달팽이와 낙타의 굼뜬 이동이 상호 닮았기에 그들이 다다른 욕망의 저편 언덕도 동일한 피안이라고 할 수 있을까. 지배하고 통제하는 것들이 지닌 욕구에의 또 다른 표출이 달팽이와 낙타 사이에 존재한다고 볼 때 소뿔에 올라앉은 잠자리처럼 사물적 대칭성도 없고 무작위 적으로 부여한 존재의 여행과 개별적인 행위들이 읽힐 뿐이다. "어린 왕자에 보면 누군가에게 길들여진다는 것은 눈물을 흘릴 일이 생긴다는 것인지도 모른다."처럼 "누구나 다 친구를 가지게 되는 것은" 아니었을 테니까. 그리고 이는 시인의 언어가 의도한 시적 아포리즘이 읽히는 대목이기도 하고 달팽이와 낙타에게 그대로 얹어 놓아도 하등 걸림이 없겠다는 생각이다. 그러기에 "사람은 아름다워…. 사막이 아름다운 건 어디엔가 우물이 숨어있기 때문이야"라는 원작 속의 대사처럼 힘겹고 팍팍한 현실에서도 '어디엔가' 숨어있을지 모른 오아시스에의 물소리를 스미듯이 배우는 것이다.

굼뜬 이동이 다다른 욕망의 저편

사실 어린 왕자가 가르친 "특별한 존재란 한 순간에 만들어지는 게 아니라 서로가 함께 시간을 보내면서 만들어진다."는 말은 달팽이와 낙타의 관계도 다분히 그런 차원에서 이해된다는 것이다. 또한 이들 둘이 누린 시간 속의 여러 체험에서 우리는 "길들여진다는 것은 그만큼의 책임감을 가져야 한다는 것"이라는 부지불식간의 말을 배우는 것인지도 모른다. 그런 의미에서 "세상에 존재하는 장미는 수없이 많지만 어린왕자에게 길들여진 장미는 단 한 송이죠"라는 표현의 의미적 개별성을 좁혀서 읽을 수 있다.

특별히 길들여진다는 것은 길들여진 단 한 송이라는 의미이고 길들여진 만큼의 존재를 아끼기 위해서는 그만한 책임이 뒤따른다는 것을 의미한다고 할 때 달팽이와 낙타의 관계에서도 자연스럽게 이에 대입되는 의미적 개별성을 읽을 수 있다. 그리고 강조하지는 않았지만 이들 둘의 관계에는 보이지 않는 책임감과 연대성 또한 읽을 수 있었다. 그리고 세상에 존재하는 장미 중에서 언급된 단 한 송이의 장미에는 두 사물간의 이질적인 접점에다 의외적인 아름다움을 무리 없이 표현하고 노래했다는 점에서 김효비야 시인의 시적 구사는 한 차원을 넘어서는 자리에 왔다고 할 것이다.

주점과 천국의 사잇길에서
길을 잃고 길을 묻는 사람들이
동키호테와 판쵸 같다

사람의 냄새는
본질의 냄새라고
존재의 무덤을 파헤치는 듯
시체의 껍질을 벗기는 듯
죽은 이의 체취를 모으는 장의사는
나는 누구냐고 묻는다

5.18때 임신한 아내를 잃은 사진기자는
전쟁과 평화의 경계선에서
술을 마시다 기억의 필름을 잃어버리고
나는 누구냐고 묻는다

이미 죽은 과거에 올가미를 씌우고
현재를 망각하는 아무개씨는 사람들이
자신의 이름을 불러주지 않는다고
오늘도 자살을 연습한다

쥐새끼들이 득실거리는 유령의 도시에서
고아가 된 소녀는
존재와 타인은 한 덩어리라고
버퍼링처럼 중얼거리며
공생의 유토피아를 몽상한다

천국주점은

손에 잡힐 듯 모호한
허위와 무위의 군상들이
우연한 작별을 하는 교차로일 뿐,

오늘도 사람들은
신호등 앞에서 마주쳤다가
이정표 앞에서 사라져간다

벌써 나도 〈천국주점〉 보다 을씨년스러운
블라인드 베일 속으로 사라진다.

-「블라인드 베일 -연극 〈천국주점〉을 보고」 전문

연극 〈천국주점〉을 보고 썼다는 이 작품은 창작적 단서가 간단하게 잡힐 것 같지가 않다. 먼저 연극 〈천국주점〉의 줄거리는 이렇다. "세계 모퉁이 아득한 공간에서 길고 긴 시간 속에 머물러 있는, 그래서 온몸에 시체 냄새를 풍겨서 도리어 자신의 냄새를 찾을 수 없는 한 명의 장의사가 천성적으로 좋은 목소리를 가져서 무수한 장례식에서 굿을 하며 망령을 달래러 형의 시체를 찾아다닌다. 그러던 중 서로를 조롱하며 다투는 아픔 투성이인 세 명의 망자를 만난다. 현실과 혁명 사이를 방황하며 견딜 수 없는 영혼의 타락을 술로 자해하는 사진작가 모인과 정보는 영원한 쓰레기라며 목을 매 자살할 찰나의 의미를 탐색하며 그것이 영원이라는 시인, 사회구조 속에서 용감하게 이탈한 이상적 실천가이자 공생 생태마을의 설립과 유토피아 세상을 동경하는 천사, 조그마한 이상도 없어진 사회…등등 그들은 각자 어쩔 수 없이 스스로를 유토피아의 경계에 서있다고 생각한다. 술에 취해 점점 죽음의 해학에 대면하게 되고 배후에는 거대한 침묵이 흐른다." 이상은 원작의 줄거리다. 연극 〈천국주점〉은 무대에 올린 각 지역의 상황에 맞추어서 각색한 작품들을 상연한 것으로 알고 있다. 그리고 시인은 아마 광주의 상황에 맞추어 각색한 〈천국주점〉이라는 연극을 관람한 것 같다. 어쨌든 우리에게 "천국주점은/손에 잡힐 듯 모호한/허위와 무위군상들이/ 우연한 작별을 하는 교차로" 같은 곳일 것이다. "오늘도 사람들은/신호등 앞에서 마주쳤다가/이정표 앞에서 사라져간다"를 읽으면서 연극을 관람한 시인도 거대한 침묵이 흐르는 암전의 공간으로 사라지는 하나의 개체라는 것을 볼 수 있다. 버퍼링에 의해 모든 기억이 재생되는 고아소녀의 말처럼 존재와 타인은 결국은 한 덩어리일지도 모르는데…. (자아의 세계화) 장자의 주장처럼 지상에 존재하는 생명들의 명제는 만물일체인데…그것도 알아채지 못하고…"오늘도 사람들은/신호등 앞에서 마주쳤다가/이정표 앞에서 사라져"가는 것들이 시인에겐 못내 안타깝기만 한 것이다.

그대와 나
기적의 쓴 약을 먹고 나란히 누워
붉은 지느러미 반짝거리는
물고기 한 마리 잉태할 수 있다면

오늘 밤 그대와
양수가 범람하는
신비의 씨앗 반쪽 씩 갖고 싶었어요
꼭 열 달 동안만, 아니 석 달 열흘만이라도
내 뱃속에 뿌리고 싶었지요

우리가 신화의 주인공처럼
달빛을 마시고 별을 따주며
서로 밧줄로 묶여 천둥번개 치는 날도
사랑을 나눌 수 있다면,

나는 다시 한 번, 둥지에 올라가
따뜻한 알을 낳겠어요
하늘 문을 열고 천사가
핏덩이 하나 심어줄 때까지
사랑과 영혼이 꿈틀거리는
기적의 첫 열매를 기다릴 거예요

오늘 밤도 나는 꿈 속에서라도
배가 불러오고 헛구역질을 하고 싶어서
꽃무늬 흐드러진 임부복을 입고 잘 거예요

사랑하는 그대여
나는 울다가 잠이 드는 날에도
홀로 만삭의 배를 쓰다듬는 꿈을 꿀 거예요
죽도록.

-「상상임신 하는 여자」 전문

어쩌면 시인의 주변의 아기를 못 가진 여성이 소재가 되었을지도 모르겠다. 시인은 보기에도 안쓰러운 그 여성을 위해 이 시를 쓴 것은 아니었을까. 한편으로는 아직 시인으로 등단하지 못한 시인 이전의 자신에게 제대로 된 시를 쓰기 위한 열망을 이 같은 상상임신으로 표현하여 노래한 것인지도 모르겠다. 시인의 간절한 생각 속에는 감동적인 시를 상상하는 일만으로도 임신하여 애 낳고 싶은 여자에 비견될 수 있을 것이다. 분명 한 편의 시를 창작하는 일은 산모의 출산에 비견할 수 있는 여러 조건과 합치된다는 점에서 위의 시는 여러 의미적 파생을 낳을 수 있다 하겠다. 한 편의 제대로 된 시작품이 탄생하기까지의 과정에는 얼마나 많은 헛구역질과 천둥번개 치는 시련의 시간들을 건너야 하는지는 시를 써본 시인만이 아는 일이기 때문이다.

물고기 한 마리의 꿈은 슬프고도 애절하다

미당 서정주 시인은 국화 한 송이의 개화를 두고 봄, 여름, 가을까지 소쩍새가 울고 먹구름 속에서 천둥이 울고 그리고 그 노오란 꽃잎이 피려고 간밤엔 무서리가 저리 내리고 잠도 오지 않았던 그간의 과정들을 참으로 절절하게 노래했던 것이다. 국화 한 송이의 개화만도 이러하거늘 하물며 하늘이 허락해서야 가질 수 있는 생명의 일이야 더 말해 무얼 하겠는가.

"나는 울다가 잠이 드는 날에도/홀로 만삭의 배를 쓰다듬는 꿈을 꿀 거예요" 쯤의 간절함이 없고서야 어찌 사람의 마음을 움직이는 감동의 시를 쓴다 하리오. 김효비야 시인이 상재하는 이번의 시집의 일에도 이처럼 간절한 꿈이 서렸을 것이고 이제는 상상임신의 단계를 넘어 '꿈은 이루어진다'는 슬로건처럼 실제임신에 나아가 이처럼 시집을 분만하기에 이른 것이다.

이 작품에서 필자의 생각은 실제 체험처럼 실감이 고스란히 읽히는 것을 느낄 수 있다. 임신은 고장난명(孤掌難鳴)이고 상대를 만나야 이루어지는 일이다. 그러기에 '그대'와 "기적의 쓴 약을 먹고 나란히 누워/붉은 지느러미 반짝거리"며 꾸었으리라는 물고기 한 마리에의 꿈은 슬프면서도 애절하다. 작품의 진행은 순차적이어서 '오늘 밤'이 등장하고 "양수가 범람하는/ 신비의 씨앗 반쪽 씩 갖고 싶"어서 '내 뱃속에' 현실처럼 '열 달 동안'을 뿌려두려 했으나 이는 상상에 그치고 만다. 한 아이의 분만은 그대로 "달빛을 마시고 별을 따주며" 서로를 묶는 사랑을 나누고 세상밖에다 "신화의 주인공"을 꺼내어 보여주는 일이다.

그쯤의 일이니 하늘 문을 열고 "둥지에 올라가/따뜻한 알을 낳"듯이 "사랑과 영혼이 꿈틀거리는/ 기적의 첫 열매를" 수확하는 일이 얼마만큼 대단한 일인지를 들여다 볼 수가 있다. 그 일을 현실로 가져오기 위해 "꿈 속에서라도/배가 불러오고 헛구역질을 하"게 되고 "꽃무늬 흐드러진 임부복을 입고" 잠들 수밖에 없었던 것이다. 물고기를 빌어 임산부를 그려낸 시인의 상상력은 예사롭지가 않다. 산모의 태내는 양수로 채워진 곳이어서 이곳에서 자라는 아이는 그대로 한 마리의 물고기가 틀림없겠다. 그래서 물고기 한 마리를 잉태하는 일이란 잠이 드는 날에도 "홀로 만삭의 배를 쓰다듬"으며 헛구역질하는 일이었고 이 일이 '죽도록' 행복한 일이었던 것이다.

남자의 입장에서 임신은 그야말로 영원한 상상일 뿐이다. 그런데도 이 작품을 읽어가는 내내 내 자신의 배를 만져볼 정도로 직핍한 실감이 이어졌었던 것이다. 시인은 그만큼 상상임신의 일을 현실처럼 그려내는 시적 표현력을 성공적으로 보여준 것이다. 이 어찌 범상한 능력이라 하겠는가. 독자의 한 사람으로써 김효비야 시인의 이 작품을 처음 어느 동인지 지면에서 읽었을 때의 충격은 지금껏 생생하고 이 작품만으로도 시인으로서의 김효비야의 미래적인 시간은 창대하리라는 생각을 갖는다.

세상에나, 빈 둥지에 수국으로 오시다니요
그날 밤, 당신의 삼종지도를 기억하는 달빛만
저 혼자 사모곡을 부르고 있었지요

당신이 떠나고 20년,
땡감나무 아래 장독대는
가끔 마른기침을 하는 고양이들만
당신의 박꽃그늘이 그립다 하였지요

어머니
오늘은 당신이 새벽이슬로 바치던
여명의 제단 위에 촛불을 피워놓을까요
오늘따라 수국은 그 촛불의 눈물로
옷고름을 적시겠네요

어머니
수국이 저리 풍만한 젖가슴으로
저희를 보듬어줄 줄 알았다면
그깟 세상의 회초리 따위는
쓰디쓴 보약처럼 질끈 눈감을 걸 그랬어요

철부지 저희는 곳간 열쇠도 잃어버리고
씨간장 항아리도 깨뜨렸고,
헛간에서 흐느끼던 당신의 지팡이도
가뭇없이 쫓아내고 말았어요

어머니 그나저나,
언젠가는 수국으로 돌아온다는
새끼손가락 걸기나 했던가요?
오늘은 저리도 빈 둥지에 수국이 함박꽃 피우니
집 떠난 텃새와 까치들 돌아오거나,
고양이들 지 새끼 데려와
항아리 사이로 숨바꼭질하거든

부디 당신은 보랏빛 수국의
시린 맨발로 오시어도 좋아요

빈 둥지엔 밤새 꺼지지 않을
헛헛한 모닥불을 피워놓겠어요. 어머니.

-「수국꽃 당신」 전문

곧이곧대로 사모곡 한 편을 읽은 셈이다. 그만큼 이 작품에는 어머니에 대한 불 꺼지지 않는 추억이 소설 한 질로 들어앉았다. 어머니란 존재는 언제 추억해도 금방 이야기가 살아나는 존재이고 살펴갈수록 강물 같은 감동으로 흘러가는 시간 속의 주인공이다. 필자는 위의 「수국꽃 당신」을 읽으면서 어머니는 '빈 둥지에 수국'으로 빚어진 존재라는 숨 가쁜 시의 밀도에 많이도 젖어들었다.

새삼스럽지만 시란 이런 재미로 읽는가 보다. 우리가 평소에 망각했거나 손 놓아버린 일들을 하나하나 끌어내어 스미듯이 환기시킨 문자체계가 시가 아니었을까. 위의 작품 「수국꽃 당신」은 그동안 잊고 지낸 우리들 모두의 어머니를 자식의 자리에서 반추해보는 간절한 사랑의 노래여서 이 노래를 한 자리에서 통째로 만날 수 있었다. 작품 속의 어머니는 20년 전에 사별하여 이미 이 세상 분이 아닌 것으로 읽힌다. 그 어머니를 "땡감나무 아래 장독대"의 입을 통해 풀어내면서 "가끔 마른기침을 하는 고양이들만/당신의 박꽃그늘이 그립다 하였"다는 회상을 발언하고 있다. 그 동안에 자식들은 "그깟 세상의 회초리 따위"도 아파 아파 엄살떨며 피하던 '철부지 저희'인 셈이었다. 그리고는 '곳간 열쇠'를 잃어버리지 않았나, '씨간장 항아리'를 깨뜨리지 않았나, 어머니 떠나시고 "헛간에서 흐느끼던 당신의 지팡이도/가뭇없이 쫓아내고야 말았"다는 등등의 자책 앞에 서는 것이다.

어머니의 희생과 헌신은 또 다른 종교이자 권력

어머니를 '수국'으로 환생시킨 시인은 "언젠가는 수국으로 돌아온다는/새끼손가락을 걸" 수 없었음에 "오늘도 빈 둥지에 수국이 함박꽃 피우"는 일을 두고 "집 떠난 텃새와 까치들이 돌아오거나,/고양이들 지 새끼 데려와/항아리 사이로 숨바꼭질 하"는 듯한 자별함에 젖어있다. 그리고 어머니가 오실 때는 시린 맨발이어도 보랏빛 수국의 자태로 돌아오시라는 염원 뒤에 "밤새 꺼지지 않을/헛헛한 모닥불을 피워 놓겠다"는 결곡한 다짐의 말을 들려주고 있다.

어머니는 희생과 헌신으로 좁혀진 모성애이며 그 같은 모성애로 표상된 절대성이다. 그 만큼 어머니는 지상의 모든 존재를 넘어서는 '지존'이다. 그리 보면 어머니는 그 자체로 세상의 생명체를 먹여 살리는 자애로운 권력이고 「수국꽃 당신」 만한 사연을 전제한 하늘 높은 종교이다. 어머니를 권력이자 종교라 언명했지만 이는 어디까지나 세속적인 의미의 그것과는 천양지차를 보이는 것으로 피안적 세계가 제시한 낙원사상으로써의 존재성을 그리 말한 것이다. 어머니는 모든 불평도 접어둔 사랑의 발광체이자 전체성이다. 그러기에 지구촌에서 가장 이재(理財)에 밝다는 유대인의 속담에도 "신은 어느 곳이나 있을 수 없어서 어머니를 만들었다."고 한 바로 그분이다. 이 속담 속의 어머니는 바로 신의 대리자로 읽힌다.

어머니에 대해서는 아브라함 링컨도 이런 말을 하였다. "나는 항상 나를 따라 다니는 어머니의 기도를 기억한다. 그 기도는 내 인생에서 늘 나와 함께 하였다." 나라와 시대를 뛰어넘어 어머니는 사랑에의 불멸한 권력이고 지존이기에 어머니를 말하는 명언은 무한히 많다. 그런 의미에서 시인들의 단골 주제이자 영감의 생수받이가 고향과 어머니인 것은 새삼스럽다. 어느 시인이 자신의 연인을 두고 "그대가 곁에 있어도 나는 그대가 그립다"고 하였는데 보편성에 비추어 그 대상이 바로 어머니가 아닐까 싶다. 우주적 사물에서 어머니의 사랑과 보살핌에서 자유로울 수 있는 자 누구이겠는가. 그 중 한국 어머니의 자식사랑은 자별하기로 으뜸이다.

동일한 체험이지만 어머니는 자신이 가진 것 전부를 조건 없이 건네며 희생하는 존재이다. 일상에 지쳐 앓아누워도 곤고한 눈물 따위는 감추고 밥을 지어놓고 식구들을 밤새워 기도하며 기다리고 되풀이 잘못을 저질러도 그대로 용서가 되는 곳이 바로 어머니의 품안이다. 그래서 위태로울 때 가장 안전한 곳은 다름 아닌 어머님 품안이라고 하지 않던가. 대개 어머니에 대한 기억은 어머니가 우리 곁을 떠나고야 뚜렷해지는 경향이 있다. 떠나고 나면 다시는 돌아오지 않건만 떠난 다음에야 여실해지는 어머니는 그래서 더더욱 간절한 존재적 표상이 된다. 살아계실 때는 천년만년이나 지켜주실 것처럼 당연하지만 떠나고 나면 다시는 돌아오지 않는 존재가 바로 어머니인 것이다.

이 세상에 누구보다 고통 받고 힘들어하는 어머니에 대한 불감증은 살아가면서 주체 못할 슬픔으로 바뀌고 가슴이 미어지고 눈시울이 붉어지는 존재임을 이내 체험하게 된다. 돌이켜보면 필자에게도 어머니라는 배부른 밥상, 따뜻한 아랫목, 등 굽은 사과나무가 계셨다. 어머니는 언제나 만만하였고 한결 같았으므로 마지막 남은 무명지의 은가락지가 헐거워지고 훤히 바닥이 내다보일 때까지 그 어떤 것도 채워 넣지를 않은 채 꺼내 쓰기만 하였었다. 그 많은 시간 속에 어머님이 겪었을 수많은 아픔 따위는 알려고도 이해하려고도 않았지만 그래도 어머니는 끝내 그 많은 아픔을 숨기신 것을 어머님이 떠나신 다음에야 알게 되지만 그때는 그 무엇도 별무소용이었다.

이 작품 속의 시인도 어머니 떠나시고 20년이 지난 어느 날 빈 둥지에 수국으로 오신 어머니에게 놀라는 마음으로 노래하고 있다.

누구의 기도인가

붉은 해는 십자가에 걸리었다

어찌할 수 없는 슬픈 모가지는
100년 동안의 노을로 엎드려 있다

증인의 수의처럼 푸른 이끼를 입고 있는 저 지붕엔
철모르는 비둘기들만
기모노가 흘리고 간 검은 손아귀를
쪼아 먹고 있는데

나는 보았다
녹슨 교회당 문고리에서
뚝뚝 떨어지는 핏빛 기억들을
태평양을 건너 온 파란 눈동자들의 검정 고무신은
교회당 삐걱거리는 마루 밑에서 흐느끼고 있는 것을

다시 보았다

호랑가시나무 언덕에서 넘어오는
거룩한 구름의 후광이
순교자의 묘지를 감싸주고 있는 것을

아직, 저리 아프게 매달린 속눈썹의 눈물은
누구의 기도인가.

-「순교자의 집 - 오웬기념각에서」 전문

광주사람들에게 양림동산은 꿈 그리는 청라언덕이다. 근대화 초기부터 많은 빚을 진 의미 있는 공간이기도 하고.

양림동산에 외국인 선교사들이 없었다면 지금껏 광주는 덜 떨어진 후진한 지역으로 만족했을지 모른다. 오웬과 서서평 등 외국인 선각자들이 이국의 가난하고 무지한 백성들에게 재산과 지식, 그리고 자신들의 목숨까지도 아낌없이 주고 간 나무들인 선교사의 묘역이 이곳을 증언하는 증거처럼 존재하고 있다.

가정법임을 전제하지만 만약에 광주에 양림동산이 없었다면 오늘의 광주는 어떤 모습이었을까. 학교와 의료시설이 들어서고 겸하여 일찌감치 종교 공간 등이 광주의 근대화를 견인하면서 명실상부한 도시의 면모를 채워갈 수 있었을까.

까까머리 중학생 시절 양림동산 언덕받이에 위치한 선교사촌을 지나면서 어린 맘에도 참 별스런 곳도 있다싶어 특이한 눈으로 바라보곤 했었다. 그때가 불과하면 1960년대이고 시내에 위치하건만 전혀 시내 같지 않는 이방지대가 양림동 선교사촌이었다. 그런 때문인지 아예 가까이 기웃거리는 것조차 낯설었던 동네가 의외로 가까운 곳에 위치하고 있었던 것이다. 혹여 궁금한 맘에 다가가려고 하면 세파트견이 짖어대거나 으르릉 거리던 기억이 지금껏 선명하다. 그러면서도 선교사촌은 시내 중심지역이건만 왜 그리 외딴 섬처럼 느꼈던지 모르겠다. 벽안의 선교사들 또한 낯설기는 마찬가지였다. 그래서 우리의 기억에는 접근불가의 지역처럼 기억되는데 고등학교를 외국인 신부들이 운영하는 가톨릭 계통의 학교로 진학하면서 점차 낯익은 풍경처럼 바뀌어 갔다.

광주의 근대화에 양림동산이 없었다면

그러다가 직장을 잡고 셋방살이 신혼을 꾸리면서 또다시

양림동에서 한 세월을 거주하게 되고 이내 부담 없는 내 마음의 생활전원이 되어갔다. 선교사들을 향하여 왜 하필이면 이런 불편한 곳에 거처를 정하였는가, 이런 궁벽한 곳까지 찾아와서 선교를 겸한 의료사업, 교육사업을 펼치는 그들이 더없이 귀한 존재로 보였고 나도 한 사람의 양림동산의 주민이 되어갔었다. 나이가 들고 어른이 되면서 양림동이나 사직공원 선교사촌은 내 생활현실의 한자리에서 룻소적 자연이 살아 숨 쉬는 참 아름다운 광주의 낙원이란 생각을 하게 되었다. 그래서 선망하던 양림동의 양지바른 땅에서 내리 3년 넘게 살면서 양림동에 이어진 사직공원은 내 천석고황의 한부분이 되었던 것이다. 지금도 생각하지만 그런 공간인 양림동에서 얻은 두 편의 시가 그 시절의 내 자신을 말하는 송가이기도 하다.

위의 시는 십자가에 걸린 붉은 해를 누군가의 기도의 이미지로 펼쳐낸 작품이다. 근대문물과 기독교는 하나의 묶음으로 이해되는 경우가 많은 데 바로 이 양림동이 그 같은 지역을 대표한다고 할 수 있다. '기모노가 흘리고 간 검은 손아귀', '녹슨 교회당', '태평양을 건너 온 파란 눈동자들', '교회당 삐걱거리는 마루', '호랑가시나무 언덕', '순교자의 묘지' 등등 곳곳에 이국주의(exoticism) 표현들이 깃발처럼 펄럭이고 있다. 특히나 "기모노가 흘리고 간 검은 손아귀" 등은 양림동의 역사에서 일제의 탄압을 드러낸 아픈 흔적일 것이며 이 같은 풍경은 초기 양림동이 근대문물의 진입지로서의 여러 모습이 혼재해 있다는 시간적 흐름을 보이는 표지랄 수 있다. 그리고 이는 기독교의 전래와 선교를 겸한 역사적 의미 또한 읽는 일일 것이다.

제목에도 보이지만 우리네 근대사의 기독교는 '치열한

항일'과도 맞물린 터로 "광주전남에서 최초 선교사 활동을 전개하다 순교한 '오웬'과 1914년에 지었다는 '오웬기념각'은 근대건축물의 유적을 재는 요긴한 건물의 하나로 지금은 광주 유형문화재 제26호로 지정된 광주 개신교의 소중한 기념물이기도 하다.

그곳에 와서 시인은 "누구의 기도인가"로 작품의 시작과 마무리를 장식한다. 그리고 "나는 보았다"와 "다시 보았다"를 거치면서 "100년 동안의 노을로 엎드"린 십자가의 붉은 해를 슬픈 모가지로 노래하고 있다. 기도란 인간보다 능력이 뛰어난 절대적 존재에게 소망하는 일을 비는 일이다. "뚝뚝 떨어지는 핏빛 기억들"과 순교자의 묘지를 감싸고 있는 "거룩한 구름의 후광" 등에서 읽은 기도의 의미는 "아직, 저리 아프게 매달린 속눈썹의 눈물"앞에서 엎드려 노래하는 시인의 시간을 그만큼 간절히 짚어보는 일일 것이다.

작품을 엮어가면서 참회의 기도라도 드리는 것처럼 한 땀 한 땀 박아 쓴 이 작품의 장면 장면이 마냥 엄숙하다. 이 같은 결곡함은 동반한 엄숙성과 함께 유별난 느낌으로 읽히는 것을 체험할 수 있다. '기모노가 흘리고 간 검은 손아귀'와 '태평양을 건너 온 파란 눈동자들의 검정 고무신'은 이 작품을 떠받친 상대화된 대조적 이미지이다. 그런가하면 이 두 개의 이미지 사이에 놓인 십자가에 걸린 붉은 해도, '철모르는 비둘기들'도, '뚝뚝 떨어지는 핏빛 기억들'도, '순교자의 묘지를 감싸고 있는' '거룩한 구름의 후광'일듯하고 양림동산이 간직한 역사정신이거나 풍경들이란 점에서 시인의 기도는 한결 간절해지는 것이다.

이 작품의 마무리에 놓인 '아직, 저리 아프게 매달린 속눈썹의 눈물'은 제3자적으로 모습을 보인 시인과는 별개로 읽을 수 있다. 허나 나다니엘 호오돈의 「큰바위 얼굴」처럼

3자적이던 주인공이 작품의 결말에서 즉자성으로 드러난 것처럼 시인 자신이라는 것을 유추하기란 어렵지 않다. 그러니까 시인이 '아직'이라는 부사어에 걸어 무엇인가가 끝나지 않아 시간이 더 지나거나 더 지속되어야 함을 암시적으로 드러낸 이면에는 고스란히 아픈 기도에 매달린 눈물의 간절함을 스미듯이 읽어가게 된다.

처음에 나는 떨었다
겹겹이 껴입은 허위의 껍질을 벗고 누웠다
한 오라기의 그림자도 걸치지 말라는
그녀 방식의 근원을 공유하기로 했다
다행한 것은 나르시스의 본질을 위한 예의에 대하여
얼핏 생각하면서 그녀의 실루엣을 훔치고 눈을 감았다

그녀는 천천히 나를 정복해갔다
나는 엎드린 채로 오래 굴복해야만 했다.
내 자궁 속 원초적 비극과 사타구니 사이의 깊숙한 골짜기에서
한 번도 탯줄 너머 환희의 비명을 들어본 적이 없는
배꼽의 에필로그를 그녀에게 누설할 수는 없었기에

그녀의 손가락에서 물방울이 춤을 추는 것을 보았다
그래, 한 때는 열손가락마다 핏방울 같은 것이 뚝뚝 떨어졌으리라
왜냐면, 누구나 열 개의 손가락으로 마법의 행위를 하지는 않으니까
또는 파도의 물보라 같은 손바닥으로 뭉클한 애무를 할 수는 없을 테니까.
나는 막 환영의 안개를 헤치고 나온 정결한 비너스로 태어났으므로

그녀는 부드러운 혀처럼

비누거품에 몇 방울의 온유와 묘약을 섞었으며
나의 치부와 상처들까지도 오르가즘의 눈물로 씻어주는
행위예술가였다

알고 보니
그녀는 이웃집 여인이었다.

-「이웃집 여인-어느 목욕관리사에게」 전문

우리는 "겹겹이 껴입은 허위의 껍질을 벗고 누"우면서 '처음에 나는 떨었다'는 고백조의 시 한 편을 마주하고 있다. 제목 하여 「이웃집 여인」의 시작이다. 연유를 알 수는 없지만 시인은 "한 오라기의 그림자도 걸치지 말라는/그녀 방식의 근원을 공유하기로" 했다는 데서 나는 '그녀의 실루엣을 훔치고 눈을 감았'는데 역으로 "그녀는 천천히 나를 정복해갔다"고 하였다. 그녀의 실루엣을 훔쳤다는 것은 아주 비밀스러운 곳을 엿봤다는 말이겠는데 되레 그녀가 나를 정복해 갔다니 이건 무슨 시츄에이션이냐고 반문할지 모르겠다. 작품은 이어지면서 자상하게도 '내 자궁 속'에 내재한 "원초적 비극과 사타구니 사이의 깊숙한 골짜기" 너머에 "한 번도 탯줄 너머 환희의 비명을 들어본 적이 없는/배꼽의 에필로그를" 누설할 수 없었다면서 누설하는 친절을 베푼다. 요컨대 누설할 수는 없었는데 누설하고 만 것이다.

굳이 여기까지 가야할지는 모르되 시인이 누설할 수 없었다고 한 고백은 무엇을 이르는 말일까. '탯줄 너머 환희의 비명'이나 '배꼽의 에필로그'를 유추하여 그것은 다름 아닌 신생아의 고고지성일 듯하고 그것을 들어본 적이 없다는 것은 출산할 수 없는 아이를 이 같이 표현한 것이다.

'탯줄 너머 환희'와 '배꼽의 에필로그'

다시금 이웃 여자의 이야기는 이어진다. '그녀의 손가락에서 물방울이 춤을 추는 것'과 "한 때는 열손가락마다 핏방울 같은 것이 뚝뚝 떨어졌으리라"는 표현을 통해 현재와 과거의 상황이 사뭇 다른 것임을 알 수 있다. 어찌해도 손가락에서 물방울이 춤을 추는 것은 생활의 리듬이 신바람을 일으킨다는 의미일 것이며 열손가락마다 핏방울 같은 것이 뚝뚝 떨어졌으리라는 상상은 험난한 세월의 피나는 시련을 어렵게 거쳐 왔음을 의미한 것은 아닐까. 이나저나 부제에 올린 '어느 목욕관리사'란 작품 속의 나를 ' 행위예술가'의 테크닉으로 "치부와 상처들까지도 오르가즘의 눈물로 씻어주"었으니 그녀가 어찌 부드러운 혀처럼 온유와 묘약의 효과를 핸들링하지 않았겠는가.

그 과정에서 시인의 상상은 현실이 된다. 꼬리에 꼬리를 이어 "누구나 열 개의 손가락으로 마법의 행위를" 하는 것이나 "파도의 물보라 같은 손바닥으로 뭉클한 애무를" 생각하는 일은 '하지 않았거나' '할 수는 없을' 것이었다고 하지만 이는 부정 속의 긍정이 이 같았다고 여겨진다. 결과로 화자는 "막 환영의 안개를 헤쳐 나온 정결한 비너스로 태어"났는데 그 행위자란 '알고 보니' '이웃집 여자'였다는 고백을 들려준다. 작품이 성공하기 위해서는 작은 장치 하나 하나가 대단한 역할을 하는 셈인데 그게 새삼스럽게도 '알고 보니'였음을 시인의 깨달음 가운데서 읽게 되는 것이다.

탈무드에는 "세상에서 가장 지혜로운 사람은 배우는 사람이고 세상에서 가장 행복한 사람은 감사하는 사람"이라는 가르침이 있다. 김효비야 시인의 작품을 독서하면서 탈무드를 언급한 것은 위의 작품 「이웃집 여자」를 비롯하여 읽어낸 작품들 모두를 지탱하고 있는 시정신의 근간이 바로 '사랑'인데 이 같은 사랑이 관심을 통한 '감사에서 시작되고 있음을 읽을 수 있다. 작품 「이웃집 여자」는 한마디로 목욕관리사인데 그녀의 정성을 다한 목욕봉사로 시인 자신이 비너스로 태어나고 "치부와 상처들까지도 오르가즘의 눈물로 씻어"낸 기적 같은 일들을 깨우치듯이 받아낸 언어로 사랑을 노래하지 아니었던가.

문학에서 '상상'을 뺀다면 무엇이 남을까. 상상은 부풀릴수록 신나는 일이고 올라타면 곧바로 떠다닐 수 있는 구만리장천의 뭉게구름이다. 그래서 여의봉을 휘두르며 구름타고 자유자재로 주유천하를 하는 손오공은 순전히 상상이 만들어낸 꿈같은 인물들의 얘기다. 만약에 상상이 없었다면 그 많은 장면과 언어들이 어찌 독자의 가슴 가득 환희를 피어 올릴 수 있었을까. 그래서 인간 세상에서 지식보다 앞서는 상상을 소거한다면 문학이 어찌 싹을 틔울 것이며 어찌 존재할 것인가.

그리 보면 글 쓰는 사람에게 상상력보다 큰 재산이 없겠다는 생각이다. 풍부한 상상력을 담보해야 좋은 작품이 탄생하는 것은 불문가지이다. '상상'은 곧바로 '그리움'이라는 한 몸 같은 강물을 형성하면서 사물의 말초신경까지를 어루만지며 흘러가는 것이다. 김효비야의 작품이 우리에게 많은 의미로 읽히는 것은 그의 작품이 그만큼 풍성한 상상력의 소산인 까닭이다. 바슐라르는 "상상한다는 것은 현실을 떠나는 것"이라 하였다. 현실에 발 딛지 못하면 살아갈 수 없는 게 인간이지만 역설적이게도 현실 밖으로 나가 현실 이상의 세계를 창조하고 향유하는 특권을 누리는 것은 이 같은 상상의 덕분이다.

꿈꾸지 못하면 만들어낼 수도 다다를 수도 없다. 이게 시인이고 작가라는 존재의 특별함이다. 바슐라르는 상상이야

말로 "새로운 삶을 향하여 돌진하는 것"이라면서 '상상'의 의미적 내용을 보충해낸다. 인간에게 발 딛고 사는 곳은 언제나 눈길이 찾아가는 정직한 현실이다. 하지만 그것의 울타리를 벗어나 더 이상의 세계로 발걸음을 몰아가는 일이야말로 우리가 생각했던 상상의 의미역에 다다르는 일이 아니겠는가. 이 같은 일의 결과로 바슐라르는 "상상력은 하나의 상태가 아니라 인간의 실존 그 자체이다."라는 언명에 이른다. 여기에서 우리는 우리가 꿈꾸어오던 진실의 세계가 무엇의 의미인 줄을 명확하게 감 잡는 것이다.

문학은 어찌해도 진실의 문제를 문자로 표현한 세계이다. '현실'에서 발생하는 일은 언제든 우연의 세계이면서 일회적이다. 허나 '상상'으로 얻어낸 진실의 세계는 필연이고 개연적 가치의 세계이면서 다회적이다. 시인이 넘나드는 차안과 피안, 현실과 이상의 대척점을 초월의 언어로 구사할 수 있는 것은 바로 그가 소유한 '상상'이라는 특권적 능력을 구사하기 때문이다. 인간은 '상상'이라는 시공 초월의 날개가 있어서 현실의 이 쪽 저쪽을 마음껏 날아다닐 수 있는 것이다.

만약에 시인이 상상할 수 없다면 그의 창작적 운신은 아예 불가능할 것이고 이보다 더 큰 감옥은 없을 것이다. 그 때문에 지식보다 윗자리에 상상을 올리는 것이며 상하 사통팔달이 두루 가능한 자유롭고 재미난 능소능대의 활달함을 꿈꾸고 날개 치는 것이다. 이처럼 상상의 크기가 시인의 크기를 재는 바로메타가 된다는 점에서 김효비야 시인의 작품을 여러 의미로 읽어낸 것은 크나큰 즐거움이었다. 이는 그가 지닌 남다른 상상력의 결과이며 그의 작품이 그 같은 상상력 가운데에서 태어난 때문이다. 필자는 오래전부터 강한 믿음의 하나로 시인을 포함하여 모든 예술가는 상상력의 크기로 결정된다는 생각을 지니고 있다.

상상력이 빈약하면 많은 노력을 보태도 그 작품적 성과는 별무신통이라는 사실을 상기하면 시인에게 발달한 상상력이 얼마만큼 대단한 일인지를, 그리고 그것은 다름 아닌 '그리움'이라는 기질적 질량에 이어져서 그 시인의 크기를 가름 한다는 것을 동의할 것이다. 이 같은 문제는 김효비야 시인에게는 상상력의 크기로 바뀌면서 그의 작품이 소유한 섬세하면서도 광활한 문제의식을 읽는다는 의미에 도달하였다.

'상상'은 안팎을 열어 사통팔달을 꿈꾸는 일

인간이 발 딛고 걷는 현실은 신경조직에 많은 피로감을 축적한다고 한다. 하지만 상상작용으로 풍성하면서도 생기발랄한 언어를 구사하며 여러 문제의식과 재미에 이르렀다면 이보다 옹골진 일이 있겠는가. 상상의 크기가 문학의 크기라는 말은 그런 의미에서 새삼스럽지도 않을 만큼 맞아떨어지는 부분이다. 상상력의 활달함으로 문자 표현의 세계가 시적 감동력에 이어진다는 것은 문학이 여타 분야에 비하여 능력 위주의 세계를 말하는 것이며 등단 지면이나 연조에 관계없이 한껏 부풀린 언어적 상상력으로 문학적 감동에 나아가는 것이다.

상상의 세계는 안팎을 열어 사통팔달을 꿈꾸는 광활한 세계이다. 상상력은 정도의 차이는 있지만 시인이 아닌 어느 누구에게나 고루 부여된 보편화된 능력이기도 하다. 허나 상상력은 문학의 모양과 크기, 방향 등이 형성되기 이전의 능력이며 이는 달리 말하면 '시정신'이란 말과 등가이다. 이를 활용한 김효비야 시인의 발달된 테크닉으로 태깔 좋은 시작품이 빚어졌던 것이다.

김효비야 시인이 지닌 시적 상상력은 그 파급의 범위가 두루 광활하고 기상천외한 상상력의 구사로 조물주에 비견할만한 시인의 여러 능력들을 읽었다는 사실이다. 이 점에서 김효비야 시인의 미래적 크기 또한 가히 광활하여 계속 지켜볼만하다는 말을 발설하며 "여기 우리 문학이 풍성해질 한 사람의 청년 시인 납시오!"라는 말로 마무리 삼는다.

장애 아이들이 "엄마"라고 부르는 우리들은
오늘도 모닝커피를 마시며 똥 이야기를 한다

어떤 순례자가 에덴의 천국에서 가져온 향수라고 해도
이 보다 오감을 매혹시킬 수는 없을테니까

우리는
똥 · 덩 · 어 · 리 하나로
아이의 쾌감지수와 불쾌지수를 비교한다

때로는 생과 사의 신호등처럼 깜빡거리는 그것을
우리는 사랑한다

하필 똥구멍까지도 애절했던 아이를 사랑한 적이 있다
배설의 축복마저 물려받지 못한 그 아이의 똥구멍 속에
내 검지를 깊숙이 넣고 똥 덩어리를 꺼내 준 날은
어느 성녀의 기도보다 더 깨끗한 눈물을 흘렸다

누가 걸핏하면,
머릿속에 똥만 가득 찬 것들이라고
신성한 하늘에다 삿대질을 하는가

누가 함부로 "똥 · 덩 · 어 · 리"라고
고상한 입술을 짓이기며 비아냥거리는가

우리는 오늘도 똥 이야기를 하면서
모닝커피를 마신다.
-「우리는 오늘도 모닝커피를 마시며 똥 이야기를 한다」 전문

똥, 그 깨끗한 눈물

김효비야 시인은 중년기를 온통 사회복지사로서 장애인 복지기관에서 장애우와 함께 보냈다고 한다. 학창시절 백일장대회마다 상을 타며 문학소녀의 기질을 타고났지만, 사춘기적 이기적인 자아에 대한 몰입보다는 사회적인 관심과 탐색이 수반되는 봉사활동과 공동체적인 단체 활동에 적극적인 성향을 발휘한 듯하다. 구태여 인간은 사회적 동물이다는 고대그리스 철학자 아리스토텔레스의 명제를 빌리지 않더라도 김효비야 시인은 이미 잠재적으로 문학을 위한 필요충분조건이라고 할 수 있는 인간에 대한 따뜻한 심성과 감수성이 발달하지 않았을까 생각한다.

그러나 여성으로서 부여된 삶의 무게가 서서히 가벼워질 무렵, 지나온 여정을 돌아보는 시기에 맞닥뜨리자 다시 사회적인 역할에 대한 의식의 꿈틀거림에 귀를 기울이게 되고, 그래서 전문성을 갖춘 사회복지사의 현장에 투신하여 나보다 불행한 존재들에 대한 나눔의 방식들을 수행한 것으로 보인다. 그 중에 "똥 이야기"는, 일반적으로 교양 있는 부류라고 한다면 금기시하는 '배설'이라는 독창적인 소재를 확대경으로 들이대며 해학적인 표현으로 승화한 시라고 하겠다.

불편한 진실, 하나

쓸쓸한 교미를 탐닉하는 수컷들의 녹슨 못을 아느냐고 물었어요

짐승들의 마스터베이션에 기름을 붓기 위하여
뒤를 허락하는 당신인 줄만 알았다고 했어요

변명도, 원망도 사치스러운 음부 속에 감추었지만 이미
치마끈은 풀어져 당신은 속수무책으로 돌팔매질을 당한다 했던가요?
그래서 어느 날은 사마리아 여인이 부럽다고 했던가요?

불편한 진실, 둘

문득, 당신에게
기억의 미로를 떠돌고 있는 생애 처음 섹스와 마지막 섹스에 대한
이야기를 털어 놓고 싶었지요.
당신은 덜컹거리는 침대와 맥주와 와인의 이름을 아는 척했던 그 때가
기억나지 않는다고 했어요
당신은 나도 추억이 있다고 킥킥거렸어요
아니 그리고 담배가 떨어졌다고 울었어요
당신은 막걸리를 들이켜고 나는 아직 믹스커피를 마셨어요

불편한 진실, 셋

어느 날은 꾸역꾸역 삼킨 찬 밥 한 덩어리에
익명의 남자들이 흘린 한 모금의 동정을 참기름처럼 비비면
목구멍이 뜨겁게 살아나서 아랫목에 눕는다 했지요
나는 애당초 사랑의 미학에서 생존의 열쇠구멍을 찾았어요
그러다 영영 돌아 갈 수 없는 은밀한 생의 에움길로 여행을 떠났지요
그리고 지금은 뒷마당에서 혼자 그네를 타고 있다고 했어요

불편한 진실, 넷

당신은 아직도 꽃무늬 팬티를 입는다고 했던가요?

가난한 사내들에게는 꽃씨 같은 희망을 주어야 한다고 내가 말했어요.

그러자 당신은 다가오는 봄에는 노랑 병아리를 함께 키웠었다는

키다리 아저씨의 무덤가에 해바라기를 심어주고 싶다고 했지요

나는 그 때 "내 무덤 주위에는 해바라기를 심어 달라" 했던

어느 시인에 대하여 얘기해 주었어요

그리고 해바라기는 보리밭이며 태양이며 종달새라고 가르쳐 주었어요

당신은 해바라기처럼 사랑하고 꿈꾸고 싶다고 했어요

모처럼 당신은 소녀처럼 웃었어요.

불편한 진실, 다섯

당신은 내일도 모레도 글피도

꽃을 모르는 이름 없는 남자들을 위하여 꽃무늬 팬티를 입는다고 했어요

나는 꽃 이름을 가르쳐주고 싶은, 내 곁에 하나 뿐인 남자를 위하여

꽃무늬 팬티를 입고 싶다고 했어요

불편한 진실, 여섯

그리고 당신은 여태 박카스를 마시지 않았다고 했어요.

나는 까닭도 모르고 자주 박카스를 마셨다고 했어요.

-「어느 박카스 아줌마에게 -여섯 개의 불편한 진실」 전문

사람과 사랑, 그 은밀한 생의 에움길에서 마주친 진실

이 작품은 김효비아 시인이 거의 중년기를 보낸 '사회복지사' 라는 직업 현장에서 지역주민 상담프로그램을 통해

만난 가장 처연한 이웃과의 '관계맺기'라고 할 수 있거니와 '사랑과 사람'에 대한 내면화된 경험치가 녹아있다고 소개한 작품인 것 같다.

그러나 너무 주관적인 형상화 등, 분명 우리 주변에 낯선 존재에 대한 환기를 통해 휴머니즘적인 측면에서 접근하고 있으나 한편, 문학의 확장성이라는 지향점이기도 하다.

사회복지의 가장 사각대라고 하는, 소외계층의 여성 인권과 권리를 다루는 상담사로서 만난 일명 「박카스아줌마」라고 일컬어지는 가장 음습한 밑바닥의 직업여성을 대상으로 관계와 소통이라는 평범한 주제를 입혔으나 그 실제 이야기는 무척 낯설고 불편한 것도 사실이다.

그러나 김효비야 시인은 같은 여성이라는 운명적인 일체감을 형성하면서 진솔하고도 다정다감한 대화체의 형식에 의존하여 서로 은밀한 비밀을 공유하는 이야기식의 작품을 완성하기에 이른다.

예나 지금이나 특히 직업이랄 것도 할 수 없는 노동에 의지하여 먹는 밥은 고달프다. 삼류인생이라고 하는 박카스아줌마,

그녀가 만난 남자 또한 누추하기 이를 데 없는, 비록 막장인생 주인공이 대부분이겠지만 그럼에도 "노랑 병아리를 함께 키웠"다는 행복한 일상에 대한 소박함을 끌어내는 눈물겨운 휴머니즘도 상기시켜주고 있다

시적 화자가 더 이상 물러 설 곳이 없는 현실에서도 "해바라기처럼 사랑하고 꿈꾸고 싶다"고 하며, 시인 자신은 "꽃 이름을 가르쳐주고 싶은, 내 곁에 하나 뿐인 남자를 위하여 꽃무늬 팬티를 입고 싶다" 고백한다.

그것은 삶의 건강성과 보편성으로 교감하는, 흔히 여성이라는 감상적이고 무력한 태도를 초월하여 생생한 리얼리즘

을 숭고한 가치로 표방하는 정신적인 힘이라고 본다. 김효비야 시인의 시에 주로 나타나는 사회적 약자들에 대한 애틋하고 내밀한 정서는 단언코 문학을 하는 누구라도 함께 추구해야 하는 현재성의 가치인 것이다.

사람과 사랑, 그리고 마주치는 타인들 더불어, 자신의 결핍과 상처를 승화하여 타인에 대한 무조건적인 긍정과 포용하는 자세야 말로 김효비야 시인의 가장 고결한 시세계가 아닐까 싶다.

김 종 | 〈중앙일보〉 신춘문예 시 당선/ 시집 『장미원』, 『더 먼 곳의 그리움』, 『그대에게 가는 연습』 등 10권, 〈신동아미술제〉 대상.

김효비야 시집

상상임신 하는 여자

2017년 5월 1일 인쇄
2017년 5월 6일 발행

지은이 | 김효비야
펴낸이 | 강 경 호
기획 · 인쇄 | (주)시와사람
등 록 | 1994년 6월 10일 제 05-01-0155호
주 소 | 광주시 동구 양림로119번길 21-1(학동)
전 화 | (062)224-5319
팩 스 | (062)225-5319
E-mail | jcapoet@hanmail.net

ISBN 978-89-5665-488-1 03810

값 10,000원

공급처 ■ 한국출판협동조합
경기도 파주시 탄현면 오금리 202번지
주문전화 (02)716-5616, 070-7119-1740